我们江苏大学

吴 奕 主编

杨 雨 王雪娇 庄伟楠 张 杜 副主编

JSU

江苏大学出版社
JIANGSU UNIVERSITY PRESS
镇 江

图书在版编目（CIP）数据

我们江苏大学 / 吴奕主编． -- 镇江：江苏大学出版社，2025．9． -- ISBN 978-7-5684-2616-9

Ⅰ．G649.285.33

中国国家版本馆 CIP 数据核字第 2025FX0176 号

我们江苏大学

Women Jiangsu Daxue

主　　编　吴　奕

副 主 编　杨　雨　王雪娇　庄伟楠　张　杜

责任编辑　李经晶

出版发行　江苏大学出版社

地　　址　江苏省镇江市京口区学府路 301 号（邮编：212013）

电　　话　0511-84446464（传真）

网　　址　http://press.ujs.edu.cn

印　　刷　扬州皓宇图文印刷有限公司

开　　本　889 mm × 1 194 mm　1/32

印　　张　8

字　　数　173 千字

版　　次　2025 年 9 月第 1 版

印　　次　2025 年 9 月第 1 次印刷

书　　号　ISBN 978-7-5684-2616-9

定　　价　68.80 元

主编

吴奕

副主编

杨雨　王雪娇　庄伟楠　张杜

支持单位

江苏大学党委宣传部

江苏大学档案馆

江苏大学招生办公室

江苏大学艺术学院

江苏大学新媒体中心

JSU

我们江苏大学

目录

第三篇章 学府硬实力

第六篇章 此间少年游

江蘇大學

第一篇章

百年弦歌处

翻开历史的扉页，校园的每一块砖、每一棵树都仿佛在诉说着光阴的故事。这座承载着百年记忆的学府，如同一本厚重的典籍，记录着时代的变迁与知识的传承。

一曲校歌，承载着对知识与真理的追求，回荡在校园的每个角落，激励着莘莘学子奋发向前。校标上的飘带与同心圆，凝结着学校的办学理念，成为一代代江大人共同的精神符号。

“博学、求是、明德”校训，如灯塔般指引着师生前行的方向。“自强厚德，实干求真”江大精神，如同血脉中的基因，代代相传，激励着每一位江大人在困境中奋起，在挑战中前行。

今天，当我们重新审视这段历史时，那些老教师的记忆、一代代江大人的奋斗故事犹如一盏盏明灯，照亮了前行的道路。他们用毕生心血谱写的学府史诗，不仅仅是对过去的致敬，更是对未来的期许。而那些文化标识，不仅仅是学校的象征，更是精神的图腾，承载着江大人的理想与信念，延续着代代相传的文化基因。

创业天团，热血开荒

艰苦奋斗是无形的精神财富，江苏大学的创业史，可以说是一本艰苦奋斗的“教科书”。

在镇江农业机械学院（以下简称镇江农机学院）早期基建过程中，诸如抬土、平地、种树等任务几乎都是由师生人力完成的。

1961 年 9 月，学校迎来迁入新址后的第一届 252 名新生。来自五湖四海的年轻人怀着满腔热情来到学校，到了学校才知道学习和生活的艰苦。偌大的校园只有一栋马蹄形的基础课楼和几栋简易的平房。宿舍窗户没有玻璃，下雨的时候靠窗的同学不得不搬移床铺；宿舍区也没有卫生间，每个宿舍发一个便桶，一大早由值日的同学负责抬出倒掉；基础课楼没有自来水，同学们从很远的井里打水，用脸盆端回……生活很苦，但所有的师生都不叫苦，他们清楚幸福需靠自己的双手去创造。

当时学校没有运动场地，同学们都在黄泥地上开展体育活动。1961 年学校决定开工建设第一块田径场（现东山操场）。田径场所在地是一块生长水草的沼泽洼地，北高南低，相差近 2 米，于是师生一起开始了基建的最初工作——抬土平地。学校购置了铁锹、竹竿、箩筐等工具，全部工作都靠人工肩挑手提。每周轮到哪个班劳动，就由劳动委员带队在仓库前集中，先讲劳动内容，然后分配劳动任务。

那时，同学们组织纪律性很强，纷纷抢着干活。一些来自大城市从没做过农活的孩子，一天下来肩膀就磨破了，但他们不叫一声苦，主动由抬土改为挖土，挖土时间久了胳膊酸，就又改回抬土。有的女同学肩膀受不了，第二天就带上枕头垫在肩膀上继续抬。即使是冬天，也有很多人穿着背心干活，有时背心湿得都能拧出水来。尽管如此，没有一个人抱怨，大家边劳动边交流，越干劲越足，个个争先恐后、生龙活虎。

抬土现场，同学们还成立了啦啦队，“加油！加油！”的吆喝声

1963 年秋，师生在操场平地时的场景

不绝于耳，还有同学唱歌给大家助兴。在劳动中涌现出的优秀班级和个人，在学生宿舍楼前面一个不到 2 平方米的黑板上进行表扬，除此再无任何报酬。师生们回忆当年，一致觉得：艰苦的生活和劳动没有挫伤大家的积极性，反而让大家更加坚毅、团结。

田径场抬土平地的劳动持续了两年时间，同时建设的还有学生宿舍楼、教师宿舍楼、基础课实验楼等。师生们的劳动加快了基建工程的进度，也为学校节省了一大笔开支。

罗兰说：“世间一切美味佳肴都没有劳动结出的果实更甜美。”1963 年冬，学校第一个标准田径场建成。沼泽洼地变操场，同学们别提有多激动。天刚蒙蒙亮，同学们就来到操场上，跑步、踢球、做操，因为是自己用双手建设出来的，感情更加深厚。

当时师生劳动还有一项内容即种树。现在校园里的许多大树都是当年种植的。

几十年过去了，当年的“创业天团”再相聚母校，漫步在校园里，建设校园的场景和难以磨灭的青春记忆一下子涌现在眼前，令人热泪盈眶。

1957 年，苏联农机专家尼古拉也夫与南京工学院农业机械教研室教师和首届农业机械设计制造专业研究生合影

传播农机教育的种子

1956 年，8 名奋发有为的年轻人，大学一毕业就被选拔到南京工学院，组成中国第一批农机设计制造师资班，接受为期两年的农业机械设计制造教育，他们后来成为中国农机教育的传播者。这 8 名年轻人中有 4 名毕业于上海交通大学，其余 4 名毕业于南京工学院，分别

为郭骅、李崇豪、胡志贤、韦祖康、冼福生、邹琳（女）、俞一鸣、许广庚。

专业是高等院校的细胞，其发展受到政治、经济、社会多方面条件的制约。20世纪50年代中期，我国农村实行农业合作化，农业机械设计制造专业教育还是一片空白，国内高校也没有培养过农业机械设计制造的专门人才。1955年，我国开始在南京工学院和长春汽车拖拉机学院筹建第一批农业机械设计制造专业，两校分别从机械类专业抽调出一批教师组建了农业机械设计制造教研室。1956年，为了使筹备工作更快进行，国家聘请了苏联罗斯托夫农业机械学院副教授尼古拉也夫到南京工学院，承担培养我国第一批农机设计制造研究生的教学任务，协助我国设立农业机械设计制造专业。

在南京工学院，师资班成员相聚一堂，除学习尼古拉也夫讲授的农机专业课程外，还学习俄语、工程数学、拖拉机学、农艺学等课程。他们深刻认识到自身的重任，因此争分夺秒、如饥似渴地学习知识。

南京工学院农业机械设计制造教研室的教师得天时地利在本校听取尼古拉也夫讲授的农业机械理论与设计课程，其中高良润、钱定华、孙一源、吴守一、沈林生、桑正中后来都成为我校教师。得知南京工学院请到了苏联农机专家，长春汽车拖拉机学院农业机械设计制造教研室的教师们也倾巢而动，来到南京工学院听课。两个教研室的教师在听尼古拉也夫授课的同时，还选听了拖拉机学、农艺学等课程。同时他们还承担着其他重要任务：编写教材，制订教学计划和教学大纲，筹建农机实验室，为走上讲台授课做准备。《农业机械的理论、构造和计算》是他们编写的教材之一，尼古拉也夫作序，称该书是“南京工学院和长春汽车拖拉机学院农机教研室全体教师集体编写而成的中国第一部农机专业讲义，创造性地学习和总结苏联先进经验并尽可能地结合中国具体情况加以应用”。

1957 年夏收夏种时节，师资班全体成员和农机教研室的大部分老师来到河南省黄河泛滥区的农场实习，学习操作拖拉机、收割机等农业机械设备。

经过将近两年的理论教学和生产实践，师资班完成了培养任务，绝大多数成员在南京工学院、南京农学院、长春汽车拖拉机学院从事农机教学和研究工作，成为所在院校农机设计制造专业的中流砥柱，也有小部分人被分配到农业机械化研究所或农业机械厅，从事研究和行政管理工作。

回忆过往，他们充满自豪，有幸接受了我国最早的农机教育，同时又作为农机知识的传播者，用所学知识培养了一批又一批农机人才，为中国农机教育事业贡献了自己的力量。

国际交流的先行者

江苏大学的国际交流与合作工作可谓起步早、起点高。伴随着1978 年改革开放的春风，学校国际交流与合作工作全面起步。

首先是选送教师出国考察、培训。1979 年 10 月，学校分别选送高宗英、刘星荣、李德桃赴奥地利格拉兹技术大学、罗马尼亚布拉索夫大学、罗马尼亚蒂米什瓦拉工学院学习。

其次是举办农机培训班。1980 年 4 月，受农业机械部委托，学校承担了联合国亚太地区经社委员会亚太农机网举办的农机设计与制造培训班工作。培训班共举办了 10 期，培训了来自菲律宾、泰国、印度、巴基斯坦、伊朗、孟加拉国、厄瓜多尔、埃塞俄比亚、圭亚那、肯尼亚、尼泊尔等 30 多个国家和地区的国际学员 110 名。这些学员包括农机方面的工程师、研究人员和教师，都是为发展本国农机事业而被选派来我国作短期进修的。通过举办高水平的培训班，学校积累了办好国际短期培训班的经验，也赢得了广泛的国际声誉。

再其次是与日本的交流与合作。1989 年，学校为促进中日友好举办了首期汉语学习班。学习班为期一个月，主要教授日本学员汉语拼音和日常会话，同时适当安排太极拳、国画、音乐等课程，并组织学员去南京、杭州等地参观访问。至 1995 年，学校共举办了 10 期日

亚太农机网第一期农机培训班师生合影

第三届“三国三校”国际联合研讨会部分专家代表合影

本留学生短期汉语培训班。1994 年 10 月 8 日，江苏理工大学（江苏大学前身）代表团一行 19 人赴日本三重大学参加首届“三国三校”（中国江苏理工大学、日本三重大学、泰国清迈大学）国际联合研讨会。至 2024 年，“三国三校”国际联合研讨会已举办了 30 届。

时至今日，江苏大学的国际交流故事早已超越了简单的“走出去”与“引进来”。随着共建“一带一路”教育合作提档升级、农业工程大学国际联盟朋友圈扩大、孔子学院在塞尔维亚落地生根，江苏大学继续以深耕精神转动地球仪，在跨文化熔炉中锻造出“全球脑”与“中国心”，编织着人类命运共同体的经纬！

一枚会呼吸的精神图腾

江苏大学的校标是同心双圆的设计风格，寓意着江大师生同心同德、同舟共济的精神品格。

江苏大学办学历史悠久，校标主图案上方的“1902”显示着三江师范学堂的百年渊源。校标核心的“U”形意象，巧妙融合了字母“J”与“U”的形态美学。左侧三色飘带灵动飘逸，象征着三江激浪，又铭刻着江苏理工大学、镇江医学院、镇江师范专科学校三校合并组建江苏大学的革故鼎新。渐变的青碧之色宛如春芽破土，涌动着生命律动，寓意着学校永葆蓬勃朝气和旺盛生命力。

右侧的字母“J”位于三条飘带之上，似一艘在长江上远航的帆船，二者相合，勾勒出大江行船的写意长卷。整体恰似江苏大学劈波斩浪，在“博学、求是、明德”校训和“自强厚德，实干求真”江大精神的引领下，驶向潮平岸阔的远方。

此枚校训印章为中共中央政治局原常委、国务院原副总理、我校校友李岚清刻赠江苏大学

从博学之知到明德之路

在江苏大学这片充满智慧与活力的土地上，校训“博学、求是、明德”这六个字不仅仅镌刻在校门之上，更深深烙印在每一位师生的心中，引领着江苏大学师生不断前行，追求卓越。

“博学”主要是指知识的积累与拓展，它是“求是、明德”的前提和基础。《礼记·中庸》中“博学之，审问之，慎思之，明辨之，笃行之”，揭示了“博学”的真谛：它不仅仅是专业知识的积累，更是跨学科、跨领域的广泛涉猎与探索。在复杂多变的世界中，“博学”是对知识的追求，更是对未知世界的好奇与敬畏。

“求是”是指教学和科研的精神与原则，它是“博学、明德”的深化和体现。《汉书·河间献王传》中提到：“修学好古，实事求是。”唐代史学家颜师古将其释义为“务得事实，每求真是”，强调做学问要以事实为依据，探求真实的结论。宋代理学大师朱熹更是将“实事求是”作为岳麓书院的办学宗旨，书院大门正上方悬挂的“实事求是”匾额便是这一精神的体现。“求是”的精髓是脚踏实地，以事实为依据，追求真实与准确。“求是”不仅仅是一种科学方法论，更是一种生活哲学，教导人要保持理性与客观，不为表象所迷惑，始终追求事物的本质与真相。

“明德”指做人的准则，也包含人生境界的提升，它是“博学、求是”的灵魂和目标。《大学》开篇即言：“大学之道，在明明德，在亲民，在止于至善。”儒家“三不朽”之立德，更是凸显了品德修养的重要性。在当今社会，“明德”不仅仅关乎个人品行，更体现了对社会的责任与担当。“明德”不是空洞的口号，而是需要在日常生活中不断践行的高尚品格。它促使我们思考：个人的价值在于对社会的贡献，唯有不断提升道德修养，方能成为对社会有益之人。

“博学、求是、明德”六字校训具有整体之美，简短却意蕴深厚，承载着江苏大学的历史与文化。三者有着内在的逻辑联系，由表及里，层层递进，环环相扣，充分展现了学校的丰厚底蕴。

江河奔涌，自有风骨

大学精神是高等教育的灵魂，是大学发展的内生动力。在江苏大学百年发展历程中，“自强厚德，实干求真”精神始终是学校的文化基因，在时代变迁中不断发展升华，成为学校发展的精神内核和前进动力。

在江大校园里，无论是清晨教室中的琅琅书声，还是实验室里专注研究的身影，抑或运动场上挥洒汗水的瞬间，都彰显着这种精神的力量与魅力。

“自强厚德”铸就江大人的精神底色。“自强”源自《周易》“天行健，君子以自强不息”的中华传统，历代江大人将其熔铸为奋斗基因。建校初期师生在荒滩上肩挑手扛筑校舍，教育科研中团队攻克难题屡创佳绩，都生动诠释了江大人自强不息的品格。“厚德”承继《周易》“地势坤，君子以厚德载物”的德性追求，学校涌现出“全国道德模范”提名奖获得者邵仲义等典范，以德立身、以德治学，铸就江大独特的道德丰碑。

“实干求真”彰显江大人的行为准则。“实干”精神深植于两江师范学堂“嚼得菜根，做得大事”的校训，历代江大人秉承“空谈误国，实干兴邦”理念，真抓实干，培养出大批社会栋梁。“求真”传承“实事求是”思想精髓，江大人遵循马克思主义科学世界观，在教育中倡导严谨学风，培育创新勇气，在学术领域恪守规范、鼓励争鸣，形成风清气正的教育生态，以实践创新推动高等教育发展。

“自强厚德，实干求真”不仅仅是一种理念，更是一种力量。站在新的历史起点，江苏大学将继续秉承“自强厚德，实干求真”精神，坚持创新引领发展，奋力谱写“双一流”创建和特色鲜明高水平大学建设新篇章，努力为教育强国建设做出新的更大贡献！

大学的前程

江苏大学正在凝心聚力向“双一流”大学的目标进发。这几年，全国大学排名有一个引人注目的现象：在非“211 工程”高校之中，江苏大学始终排名前列。这固然很好，然而江大人清醒地认识到，评价一所大学，排名其实并没有那么重要。

当代中国已经进入中华民族发展的最好时期，也正面临世界秩序历史性重构过程中的多重挑战。教育与国家和民族命运紧密相连。我们所关心的是：江苏大学将如何培养下一代，进而助力建设一个文明、良善、开放的社会？又如何让受教育者“学以为人”，践行一所大学最核心的使命？

1931 年，在清华大学校长就职典礼上，针对当时“重物轻人”的现象，梅贻琦先生有一句名言：“所谓大学者，非谓有大楼之谓也，有大师之谓也。”在当下，我更愿意这样说：“何谓大学？非大厦也，亦非大师也，乃远见也。”至关重要的是价值共识，是教育家的品格、对制度的反思，以及内心的清醒。

大学的战略有“三板斧”：使命、愿景、价值观。使命回答“大学为什么存在”，它是办学宗旨和理念宣言，是对未来长远目标的高度概括。愿景回答“大学建成什么样”，它是对大学理想未来的勾画，是对大学在未来发展阶段将要达成目标的具体描述。价值观回答“大学持有什么立场”，它是教职员工和学生对大学意义的深刻理解。放眼国内高校，即使在武书连中国大学排行榜前50位的高校中，明确表述使命、愿景和价值观者也不足三成，更遑论已有的表述或缺少特色或模棱两可或有所重叠，没有具体明确的目标描述。大多数中国大学与世界一流大学的差距，很可能源于使命确立、愿景描绘和价值观秉持上的区别。

新中国成立初期，新生的共和国面临严峻考验。以 1952 年院系调整为标志，中央政府对高等教育实行统一的计划管理，集中发展与经济建设直接相关的工程和科学技术教育，相继设立钢铁、地质、航空、矿业、水利等专门学院和专业，建立了与计划经济、产品经济体制同构的高等教育体系，形成了新中国高校的基本格局。镇江农业机械学院在镇江东郊后官庄应运而生。

一个甲子过去了，以后官庄为中心的丘陵地貌上，发生了“到处皆诗境，随时有物华”“博观而约取，厚积而薄发”“善学者尽其理，善行者究其难”的史诗级变迁。当年只有单一机电学科的镇江农业机械学院已经进入多学科、综合性发展的江苏大学时代，然而学校服务农业机械化的重任从未卸下，在农业现代化的进程中，更肩负起服务农业智能化的新使命。曾担任镇江农业机械学院副院长的高良润教授，早在 1947 年在美国明尼苏达大学攻读硕士期间就与同学共同发表了《为中国农业试探一条出路》的文章，提出“只有发展农业机械化和乡镇工业才能振兴中国农业”的重要观点，引发国内知识分子的广泛共鸣。1990 年江苏工学院建院三十周年之际，时任中国共产党中央顾问委员会委员、原农机部副部长项南嘱托学校在发展中“一不要忘掉农业，二不要忘掉农机，三不要忘掉排灌”。又是 30 年过去了，镇江农业机械学院的文化基因在血脉中得以传承，如今的江苏大学已形成“工中有农，以工强农”的办学特色。做全国涉农高校的骨干力量，当全国农机装备领域的排头兵，应该成为江苏大学人才培养和学科发展的深厚底色，成为江苏大学跻身世界一流大学行列的看家本领。

中央政府正着力引导高校将兴奋点从论文发表转移到产学研结合、解决重大现实问题上来，扎根中国大地办大学。这方面，镇江农业机械学院的产学研历史让人肃然起敬。1971 年李德桃老师率领攻关组赴常州柴油机厂，研究解决四缸机转速上不去、性能不达标的问题。柴油机的转速提高后，许多零部件的可靠性出现问题，如气门和气门弹簧折断、轴瓦损坏、缸盖开裂、曲轴断裂等，试验现场存在巨大风险，工人们都不愿意操作。攻关组设计的涡流燃烧室、主燃室和连接通道方案从三十个到数百个之多。由于当时尚无数控车床，一半以上零件要靠攻关组人工加工，这既是强技术活儿，又是重体力活儿。试验室破旧不堪，夏季气温常在 40 摄氏度以上，冬季室内和室外一样寒冷。20 世纪 70 年代苏南的冬天真是滴水成冰，兼之教师的粮食定量只有每月 24 斤，仅为工人粮食定量的六成多，试验过程中教师饿昏的情况时有发生。经过 3 年艰苦的技术攻关，攻关组第一次实现了国产柴油机转速达到 3000 转 / 分，并解决了一系列高速强化带来的问题。经日本著名的洋马、久保田两个柴油机公司测试，常州柴油机厂的涡流室式柴油机的燃油消耗率达到世界先进水平，这标志着中国涡流室式柴油机的节能和强化研究取得突破性进展。

后官庄的哲学意蕴可以概括为“应时、取宜、守则、和谐”，而江苏大学的精神气质可以概括为“耕读者的沉毅”：学有所长，术有专攻；不驰于空想，不骛于虚声。重温老一辈的故事，让我们产生敬畏、谦卑、宽容之心，更让我们树立起对未来的信心。期待江苏大学在“双一流”创建的征途上，率先破解“因一流而焦虑，抑或相反”的发展哲学命题，将对接市场需求作为重要导向，把论文写到企业去、写到产品上、写到产业中。

威尔·杜兰特在其著作《落叶：关于生命、爱情、战争与信仰的遗言》中写道：教育的目标，是通过健康、性格、智慧和科技控制生活，通过友谊、自然、文学和艺术享受生活，通过历史、科学、宗教和哲学理解生活。因此，最具价值的教育，便是要让肉体、灵魂、公民和国家了解他们和谐生活的所有可能。此公斯言，于我心有戚戚焉。1966 年至 1976 年，我国学生接受的基础教育既不完整也不系统，造成“50 后”“60 后”知识结构普遍有所欠缺。我的小学语文课本内容主要是领袖语录，支离破碎的近现代史知识基本是通过读《毛泽东选集》及文后的注释获得的。中学的物理、化学、生物停开，改设“工业基础知识”与“农业基础知识”课。我上初一时，“工业基础知识”主要讲“三机一泵”（拖拉机、柴油机、电动机、水泵），“农业基础知识”主要讲“四大作物”（稻、麦、油菜、棉花）和“一口猪”，彼时我 11 岁。1981 年我考上大学，正逢高校恢复开设自 1952 年院系调整后中断的“大学语文”课程，学校聘请镇江师范专科学校中文系祝诚老师（后任镇江高等专科学校校长）来授课，我得瞻先生风采。先生微胖，儒雅有风度，口若悬河，人文历史、诗词歌赋信手拈来，生动风趣。每逢其课，基础课楼 131 大阶梯教室内座无虚席，前排座位常被金、焦二山的僧尼抢占。他曾于课堂上背诵《登徒子好色赋》：“东家之子，增之一分则太长，减之一分则太短；著粉则太白，施朱则太赤；眉如翠羽，肌如白雪；腰如束素，齿如含贝；嫣然一笑，惑

阳城，迷下蔡。然此女登墙窥臣三年，至今未许也。”台下孤陋寡闻的男女学生为之震撼。同学们像白蚁一样疯狂啃食书本，省下买饭票、公交车票的钱买书的现象并不少见。那时的畅销书是《红与黑》《约翰·克利斯朵夫》《简·爱》《安娜·卡列尼娜》，我尤喜《阅微草堂笔记》《两般秋雨庵随笔》《苦榴花馆杂记》等明清笔记小说。经典作品都是人生教科书，其中高远的见识、思辨的乐趣、文明的神交、精神愉悦的体验，帮助改革开放之初的年轻大学生塑造了理想、追求与趣味。

20 世纪 80 年代的年轻大学生，简单温暖、生猛勇敢，这可能是今天难以想象的。任彦申说：“年轻人如果没点理想，没点幻想，没点野心，没点狂气，将来成不了大器，顶不了大用。”我对此深以为然。大学是年轻学子激情燃烧的地方，他们风华正茂、初出茅庐、涉世不深，最可贵的就是那股指点江山、挥斥方遒的锐气，那种初生牛犊不怕虎的精神。

“双一流”建设高校所展现的，不是简单的“人无我有、人有我优、人优我强”的器物形态，而是某种独特和具有示范意义的教育思想、理念与模式，它表现为承诺并兑现给利益相关者的最主要、最具差异性与持久性的理性价值、感性价值或者象征性价值。我国已经建成世界上最大的高等教育体系，各类高校有 2600 多所，在校大学生突破 4000 万人。我国的世界一流大学，必须有中国特色。今天再提“回

到洪堡”“回到蔡元培”，那绝不是历史的进步，而是时代的倒退。我们必须保持自信力，赓续优秀传统，借鉴国外经验，有确信，不自欺，坚定办中国特色世界一流高等教育的宏大理想，实现习近平总书记

对“第一个北大、清华、浙大、复旦、南大等中国著名学府”和“培养出大师”的期待。

大学的使命重在“真”上，愿景贵在“实”上，价值观立在“信”

上。什么时候教授经典、阅读经典蔚然成风，校园内洋溢着思想开放、兼收并蓄、淡定从容、敢于质疑的学术研究氛围，什么时候大学研究人类社会发展科学问题和国计民生前沿问题所获得的重要成果能够直接反映在本科教材和课堂中，中国特色世界一流大学的办学目标才能真正得到实现！

谨以此激动人心的目标，憧憬我的母校江苏大学。

（本文作者袁靖宇，我校热处理专业1981级学生）

扫码听校歌

百年辉煌向未来

词：葛　逊　　曲：邹建平

百年风雨，我们一同起航，
三山如画，我们阅尽沧桑。
悠悠长江在这里奔涌，
绵绵文脉在这里激扬。

博学奠基石，求是谱华章，
明德镌心灵，教学共相长。
江苏大学，我们为你骄傲，
继往开来创造新的辉煌！

百川融汇，我们一起飞翔，
薪火相传，我们超越梦想。
棵棵栋梁在这里成才，
灿灿桃李在这里绽放。

博学奠基石，求是谱华章，
明德镌心灵，教学共相长。
江苏大学，
江苏大学我们为你骄傲，
继往开来创造新的辉煌！

励志亭

第二篇章

校园风物笺

当晨光穿透三江楼的玻璃幕墙，当春风拂过励志亭的飞檐翘角，当静湖日晷将光阴裁剪成粼粼碎金——这里的一砖一瓦都在低吟岁月长歌，等待你用脚步唤醒沉睡的时光胶囊。

五棵松以苍劲枝干编织时光冠冕，它们是校园的守望者；戴家山遗址深埋的陶片与石器，诉说着先民的智慧；农机文化馆里锈迹斑驳的犁铧与齿轮，镌刻着工业文明的脉络，低语着“脚踏实地”的铮铮誓言。春日的樱花园如雪浪翻涌，夏夜的静湖倒映星河，秋风中的金桂暗香浮动，冬雪覆盖的图书馆折射出星光。

这是一座会呼吸的校园。三山楼的天桥诉说着往昔，大礼堂的穹顶下总有人在掌声中找到答案。当夜幕降临，图书馆的灯光如星星般闪亮，那是青春最动人的注脚。

她当“校宠”好多年

迈进江大的校门，穿过梧桐大道，走在江大的“金水桥”上，五棵苍劲的松树立在眼前，让人忍不住驻足仔细端详一番。

她没有像长在黄山悬崖峭壁上的松树那样奇特并闻名于国内外。她不像高原的青松，苍凉而伟岸，凝重而坦荡。她也没有故宫里那株在小瓦盆中已经生长了300多年的老松树那样历史久远。她只是几棵极普通却也不失高大、挺拔之风范的雪松，更重要的是，她是江大校园的历史见证者。

在国家困难时期，一群年轻的拓荒者扛着测绘的标杆，整月奔波于东山、西山之间，硬是在这片曾经有野狼出没的荒山野岭里踏出了一条条山道。渴了，舀一杯玉带河里的水；饿了，拾一把山柴做饭。拓荒者在精心规划的时候，没有忘记要亲手栽种树木，不仅作为拓荒的纪念，也作为学校发展的见证。

于是在校园的醒目之处出现了精心挑选的五棵松树。从此，五棵松作为学校发展的见证者，记下了学校发展的点点滴滴……

是她，听见了打桩机的第一声轰鸣，不久，教学、实验、宿舍等大楼拔地而起。

是她，迎来了人类灵魂的工程师，他们听从党的召唤，在这里为人民的教育事业鞠躬尽瘁并享受“桃李满天下”的喜悦。

是她，亲眼看见第一届求知者来到了这知识的殿堂，琅琅的读书声打破了沉睡山野的寂静。

但更让她自豪欣慰的是，三校合并，给学校的发展插上了腾飞的翅膀。

盛夏，她为来往的学子遮阳。雨天，她撑着“大伞”为大家挡雨。她还成为学子开展活动的集散地，“请注意，× 月 × 日早晨6点钟，请大家在五棵松集中……不见不散”。

新生来到学校，总会和家人在五棵松合影留念，五棵松会再三嘱咐：“现在你已经成为江大的一员。”

老生毕业离校前，也会来到五棵松下与之告别，五棵松会给予美好的祝福，“不管你们走到哪里，母校都以你们为荣”。

这就是五棵松的情怀！

（本文作者凌山，我校退休教师）

藏在校园里的史前遗址

在 1987 年镇江市政府公布的镇江市文物保护单位名单中，戴家山遗址排在第一位。

戴家山遗址位于江苏大学校园东北角的戴家山上，北临禹山北路，东邻玉带河花园，南为江大教职工家属区，现地表被整理为小型公园。遗址形状为宁镇地区典型的台形。遗址平面呈长方形，长约 60 米，宽约 40 米，台地高出周边地表约 20 米。

1985 年，南京博物院的考古人员在此进行试掘，发现了灰坑，出土了石锛、石铲、石刀、石斧、磨棒、砺石等细石器以及陶鼎、甗、釜、盆、碗等大量的打制石器、磨制石器和陶器残片。这些遗物明显具有良渚文化特征，遗址被认为属于新石器时代晚期良渚文化阶段，是镇江地区先民的一个聚落地。

戴家山遗址不仅为人们提供了关于新石器时代晚期人类居住和生活方式的宝贵信息，同时也为研究镇江地区乃至整个长江下游地区的新石器时代文化提供了重要的实物资料。

目前，戴家山遗址采用了掩埋式保护方式，地表看不到任何遗址痕迹，只有一个类似公园的平台，绿荫环绕，景色很美。

谁能想到，校园里的小公园下竟埋藏着 5000 年前的先民生活遗迹？那些被磨亮的石斧曾劈开过怎样的晨雾？陶鼎里烹煮过怎样的野味？当我们在绿荫下散步时，或许正踩着良渚先民的足迹——他们用石刀刻下的文明密码，如今化作考古报告里的专业术语，诉说着最鲜活的人间烟火。戴家山遗址就像一本埋在地下的立体史书，每一块陶片都是穿越时空的信使，提醒着我们：在实验室与教学楼之间，在公式与代码之外，这片土地始终跳动着古老而永恒的文明脉搏。

这座亭子专治躺平

2015 年 5 月 9 日，由江苏大学电气 77 级校友捐建的励志亭落成，现址在学生宿舍 A 区与 B 区之间的山坡上。励志亭的捐建，重在感念师恩，激励后辈，期望代代学子弘扬励志精神。

励志亭记

1977年恢复高考，意义重大。历经十年浩劫，阴霾初散，百废待兴，人才奇缺，亟须作育。当年12月，因“文革”停考而无缘继续深造的12届570多万考生同场应试。我们有幸与27万上榜考生同行，使命般地登上了破冰的航船。

特殊年代使我们成为特殊的群体：来自各行各业，既有应届少年，亦有年过而立、已为人父母的“老三届”。我们深知自己所担负的历史重任，格外珍惜来之不易的学习机会，追求知识如渴如饥。苦战精神是我们终生的财富和动力。

恩师无私相授，学子寒窗苦读，教学相长，幼木成林。我们凭借从母校获得的知识与技能，不断追求进取，无私奉献于各行各业，亲身参与了改革开放的伟大事业；在见证中华民族腾飞的同时，我们也收获了丰硕的人生。

时光流逝，岁月如梭，人生代谢，能有几时？俊杰英才，磨难自勉，励志成才，精神不灭。毕业30周年，重回母校，欢聚之日，回首往事，能不感慨系之？特捐建此亭，名以励志，期与后来无穷届之校友共勉。

（杨建宁、赵德安，我校电气学院1977级学生）

赏牡丹，何须去洛阳

静湖牡丹为河南科技大学所捐赠，品种繁多，汇聚了国内外41个品种，如重瓣复色的金阁牡丹、艳丽稀有的绿幕隐玉、花型独特的银红巧对、仪态万千的虞姬艳妆等；色泽亦多，以黄、白、红、粉、紫、绿为主，牡丹园已成为校园的重要景观之一。

牡丹园记

小序：岁当庚子，江苏大学蒙河南科技大学友情馈赠名品牡丹。友于情深，事花惟谨，乃专辟牡丹园，勒石纪之。

名花佼佼，四时争妍。铁骨迎春，冬梅斗寒挺立；幽栖山林，春兰馥郁飘香；不妖不染，夏荷冰清玉洁；抱茎不屈，秋菊傲雪凌霜。品格高标，各擅胜场，昔人以王者高士誉之。

然则足令众芳宾服，独占花魁者，非牡丹其谁？姹紫嫣红逢谷雨，倾城倾国赏花回。世人争道：雍容华贵，姚黄魏紫婀娜；国色天香，豆绿赵粉妩媚。二乔青龙墨池卧，洛阳红醉酒杨妃。芍药虽好，略输茎软，更欠一缕香。

噫！一枝独秀，孰若群芳争艳；万紫千红，欢如交响钧天。乃当深植厚培，恩谢灌园之叟；赏花怀友，情传河洛弟兄。愿和风拂煦，四时寰宇常春！

（笪远毅）

中国农机文化展示馆

来江大必看的博物馆

走进中国农机文化展示馆，仿佛踏入了波澜壮阔的农业机械化历史长河，不仅仅可以看到农机的发展历程，更能深刻感受到工业文明与农业文明交融而生的独特魅力。农耕文明，作为人类文明的摇篮，孕育了最初的生产方式，而工业革命的浪潮极大地革新了农业生产的技术与装备，农机文化正是在这两者的交融中应运而生的。

展示馆以“大国重器·精神印记”为主题，以时间为轴线，分为“追寻历史，溯源农机”“时代变革，兴盛农机”“无界畅想，未来农机”三大版块，全面展示了中国农机文化的发展历程。在“追寻历史，溯源农机”版块，可以看到早期的农机具，那些看似简陋却充满智慧的

工具，见证了古代农民从无到有的探索。在“时代变革，兴盛农机”版块，现代化的农机装备让人惊叹，从智能化的拖拉机到高效的农产品加工设备，每一项技术都彰显着我国农机领域的飞速发展和农机人的智慧。而在“无界畅想，未来农机”版块，智慧农场的光影在眼前流转，让人看到一个充满希望的明天，农机正朝着更高效、更环保、更智能化的方向迈进。

走在场馆中，仿佛看见历史的耕耘者与未来的开拓者在光影中握手，听见远古耒耜与智能农机在时光的长河里交响。这座展馆，传递着农机文化生生不息的密码，它将成为一粒火种，点燃更多人心中“强农报国”的信仰。那些尚未完成的梦想，也许此刻正在某片实验田里抽穗，在某个生产车间里淬火，在某个少年凝视农机模型的眼眸里生长成破晓的星光。

探秘校园：
江江江、山山山……

JSUer 请注意！有一份《校园高甜闯关攻略》请查收——从“江江江”的迷宫台阶到“山山山”的彩虹倒影，这些地标不是在装酷，而是在等你！准备好了吗？江大的每一阵风都在喊：

“JSUer 快到碗里来！”

三江楼

要说镇江地标是苏宁广场的话，那咱京口区的地标必须是三江楼，江大学生更是亲昵地称它为“江江江”。楼顶上“江苏大学”四个大字好像自带 BGM，24 小时循环播放“欢迎回家”的发光弹幕，比 GPS 还能精准定位每个江大学子的 DNA！

这栋楼像是魔法结界的入口，周边常驻 NPC“妖风君”，一年 365 天在线施展“凌乱术”，让人又爱又恨的发型管理大师非它莫属！

每个江大人心里都住着一栋会呼吸的三江楼，毕竟——被“妖风”亲吻过的青春，才是完整的大学副本嘛！

三山楼

2001 年 C 位出道时，她就是江苏高校圈顶流“第一美楼”！露天连廊像是天然大舞台，24 小时上演着青春三重奏：这边刚飘过几个踩点上课的“旋风小陀螺”，转角就偶遇捧着咖啡佛系自习的“学术陶渊明”，突然又被街舞社炸裂的 BGM 拽进大型蹦迪现场——三山楼用她的“几何迷宫怀抱”把所有人都宠成了孩子。

阳光最会整活！午后在楼体玩光影魔术，把冰冷的钢筋水泥撩拨得跳起华尔兹；到了傍晚直接放大招，把整片火烧云塞进天窗当彩蛋。这时，抬头就是天然大片，学习人秒变追光者，连课本都变成了晚霞“氛围组”……

图书馆

从学府路 1 号门进来，一眼便能看到端庄的图书馆，学生亲昵地称之为“江图”。从步入校园到备战考研，从懵懂无知到睿智成熟，“江图”陪伴每一个江大人走过青春年华。整齐书架与洁净桌面，见证了青春的冥思与奋斗，学子努力的身影是对似锦前程的执着奔赴，是对美好未来的追逐。

考试季时，无论寒暑，图书馆前广场总是会排起长龙，当年抢座的同学们如今忆起，皆成温馨可爱画面，难以忘怀。

大礼堂

沿着泓江东路和迎松路的三岔口往东，坐落于校园第二、三食堂边的便是大礼堂。有人记住她，是因为这里承载了青春的记忆；有人难忘她，是因为这里记录了光辉的时刻。

作为师生文化活动的重要场所，自 1983 年建成以来，大礼堂几乎见证了学校的每一个重大瞬间，她已不是一个单纯的物理空间，而是承载着一代代江大师生情感回忆的时光机。

2020 年 4 月，在广大校友与社会贤达的捐建下，大礼堂焕然一新，成为集现代功能与人文精神于一体的地标性建筑之一。

梅园

江南无所有，聊赠一枝春。

梅花，红的、白的，千朵万朵洋洋洒洒地铺满人间，待到春暖花开时，请一定来梅园抓住一整个春天！

梅园由镇江索普集团于2010年捐赠建造，占地约25000平方米。园内种植白梅、绿萼、美人梅、朱砂梅、宫粉等20余个品种，并设计有园林小品、人工水系、瀑布等。每逢春天梅花盛开，上千株梅花或艳如朝霞，或白似瑞雪，师生漫步其中，流连忘返。这里已成为镇江著名的赏梅景点。

樱花友谊园

梅花谢后樱花绽，浅浅匀红映碧空。蝶舞蜂飞香满径，游人沉醉画图中。

四月春风起，梅园隔壁的樱花园接过了春天的接力棒。樱花园在镇江市对外友好协会的积极协调与 KYB 公司的大力捐助下建成，占地面积近 10000 平方米，园内种植的樱花主要有 6 个品种。樱花大道是樱花园建设的二期工程，选址在园丁林与学子林交界的泓江西路两侧，共计种植樱花 120 株。当四月的风解开粉白色的封印时，泓江西路瞬间化作流动的胭脂河，成为校园又一道靓丽的风景。

静湖日晷

日晷是静湖西岸的守望者，三百六十五道鎏金脉络在面庞上蜿蜒成河。每天清晨，当第一缕晨曦吻上冰凉的砖石，“自强厚德，实干求真”的篆字便苏醒过来，像时光印章，落在每道相遇的目光里。

日晷的影子是丈量光阴的尺，在扇形广场的青石画布上画出水墨年轮。翡翠溪总爱携着落花叩响铜门，叮咚声里藏着春日的密语。四月天最是可人，千重牡丹在周边织就云锦，绛色花瓣垂着晨露，把朝阳碎成点点金箔，姚黄花蕊里栖着书声，震颤时抖落墨香。

晨读的孩子总爱倚着花篱，翻动的书页像白鸟掠过湖面；

午后的笑声惊起花间蝶，那些翩跹的翅膀上沾着未干的诗句。暮色四合时，总有身影在日晷前驻足，看日影在篆字间游走，看月华顺着溪流沉浮。

无数个春秋里，日晷守着这座校园的晨昏线，看一个个新故事，在微风中悄然生长。

青铜鼎

青铜鼎是学府路 1 号门里的老寿星！2002 年那场九校百岁宴可真热闹，江苏省人民政府给每个学校都发了“青铜勋章”，圆滚滚的三足两耳造型，可是当年南京博物院的老专家们对着西周皇族的礼器图纸，用青铜针脚绣出来的。

青铜鼎三足顶立，稳稳扎根在文脉里；“圆润的肚子”上藏着“会说话”的铭文字符，记录着学校的百年故事。

百年前播下的教育火种，如今已变成熊熊火焰，青铜鼎还要继续当这团火焰的烛台，把江大人的精气神，熔铸成永恒的光华。

“我爱江大”文化小品

在江大图书馆的后方，
有片翠坪，被暖阳温柔轻荡。
红白相间的“我爱江大”地标闪亮，
似无声情诗，把对江大的眷恋静静传唱。

“I Love JSU”的字样，
在绿草的画布上熠熠生光。
与碧波蓝天、四季绿茵交织，
成了学子心中永恒的打卡胜地。

春去秋来，景换时移，
对江大的深情，如星芒永不散场。
它静静守望，
等怀揣梦想与热爱的学子来身旁。

校训篆刻石

五棵松草坪上有一段超酷的“石头传记”，听说每个江大学子都要来这完成神秘仪式：摸校标保绩点，拍校训换好运，毕业前集齐三石合影才能召唤神龙！

它们只是平平无奇的景观石？不！这可是自带 AR 特效的活体教科书！篆书校训隐藏着学习通关密码，“博学、求是、明德”六字真言可比魔法咒语管用多了。

江大篆刻有多牛？ 1989 年咱们就玩起了“石头记”！梦溪印社的前辈把印稿和教学研讨刻进了中国第一部印学专业年鉴《中国印学年鉴》，奠定了江大在篆刻领域的“江湖地位”。

石面斑驳的印记正是“与石俱进”的生动注脚。每一道纹路都在诉说：真正的永恒，不是超越岁月，而是与岁月同频生长，让文明的年轮在磨砺中愈发清晰。

酉
申
未
午

圖書館
周谷城題

第三篇章

学府硬实力

书翻此页，我们即将揭开江苏大学非凡实力的面纱，她如同一座巍峨的学术殿堂，屹立于知识的海洋之中。她拥有先进的科研设施，实验室里灯火通明，科研人员孜孜不倦地探索着未知的领域，不断推动着科技的进步。师资力量雄厚，教师学识渊博、教学经验丰富，他们不仅仅是学术上的佼佼者，更是学生的引路人。她学科门类齐全，涵盖工学、农学、理学、医学、管理学等多个领域，为学生提供了广阔的发展空间。在国际交流方面，她也展现出了非凡的魅力，为学生搭建了走向世界的桥梁。在这里，每一个梦想都有实现的可能，每一份努力都能收获满满的回报。她的实力，不仅仅体现在大楼大师上，更体现在培养出的一批批优秀人才上，他们活跃在各行各业，为社会发展贡献江大力量。

我们的ESI有多牛

ESI是由世界著名的学术信息出版机构美国科技信息所（ISI）于2001年推出的衡量科学研究绩效、跟踪科学发展趋势的基本分析评价工具，是基于科睿唯安Web of Science（SCIE/SSCI）所收录的全球12000多种学术期刊近十多年的论文发表数量和引文数据而建立的计量分析数据库。ESI提供22个学科研究领域的国家、机构、期刊的科研绩效统计和科研实力排名，是当今全球评价学术机构和大学国际学术水平及影响力较为常用的重要指标之一，也是公认的衡量世界一流大学和世界一流学科的“世界标准”之一。

工程学、材料科学、临床医学、化学、农业科学、药理学与毒理学、生物学与生物化学、环境生态学、分子生物学与遗传学、计算机科学、植物学与动物科学、一般社会科学、物理学、免疫学、微生物学、数学16个学科进入ESI排名全球前1%，就像是16位身怀绝技的武林高手，在学术的江湖中各领风骚，共同铸就了江苏大学坚不可摧的学术堡垒。

农业科学、工程学、化学、材料科学四大学科更是其中的佼佼者，闪耀在ESI全球前1‰的星空。

江苏大学以开放的学术氛围、创新的科研机制、优秀的师资队伍，吸引着来自世界各地的优秀学者汇聚于此，共同探索知识的无限可能，书写属于他们的学术传奇。在这里，每一个学科都是一颗璀璨的明珠，在肥沃的学术土壤中生根发芽，茁壮成长，最终汇聚成一片绚烂夺目的学术星空。

宝藏专业有话说

【机械设计制造及其自动化专业】

我是机械界的“钢铁侠”！头顶国家级一流本科专业光环，左手江苏品牌特色专业“金盾牌”，右手国际工程教育认证“激光剑”！在软科排行榜上，我以A档首位之姿C位出道，277个专业里“砍”出第13名的战绩。从齿轮打架到智能制造，从图纸涂鸦到工业4.0蹦迪，没有我拆不了的“机械盲盒”。

悄悄说：连变形金刚见了我都要喊祖师爷！

【农业机械化及其自动化专业】

我是农机界的“老司机”！国家级一流本科专业+江苏品牌特色专业双buff叠满，是学科实力全国前三的“秋名山车神”！手握2个一级学科博士点“方向盘”，2个博士后流动站“氮气加速”，6个二级学科博士点“突突突往前冲”，国家重点学科光环一亮，收割机都能开出火星子！教育部重点实验室是“4S店”，农业农村部重点实验室是“加油站”，从培养新中国第一位农机博士到收获国家教学成果二等奖，我的履历无比“丝滑”！

傲娇脸：现在连无人机都喊我师父！

【电气工程及其自动化专业】

我是电力界的“皮卡丘”！国家级一流本科专业 + 卓越工程师培养计划专业 + 国家级特色专业等多重认证加身，工程教育认证证书一掏——滋滋滋，闪电特效拉满！从智能电网到新能源系统，从电机控制到电力系统，我的技能树点亮了整个能源宇宙！别看我平时低调，关键时刻能让整座城市变身“disco 不夜城”！

警告：小心被我电到哦！

【车辆工程专业】

我是汽车界的“藤原拓海”！国家级一流本科专业 + 教育部卓越工程师培养计划专业 + 江苏省品牌专业等七重认证光环闪耀！国际工程教育认证只是我的新手村任务，课程思政示范专业才是我的隐藏皮肤！从燃油车漂移到新能源飙车，从智能驾驶到车联网开黑，我的进化速度比特斯拉 OTA 升级还快！

嚣张宣言：我的毕业设计是造会飞的汽车！

【能源与动力工程专业】

我是能源界的“永动吐槽机”！首批国家级一流本科专业 + 卓越工程师 2.0 + 专业综合改革试点 + 江苏省品牌专业，四重认证成就“人形核电站”！动力工程及工程热物理博士点是我的“核反应堆”，从传统能源到新能源，从冰箱制冷到航空发动机——别问，问就是“万物皆可烧开水”！

冷笑话：我的毕业论文是《论如何让火锅永远沸腾》。

【食品科学与工程专业】

我是食品科技界的“装备智造先锋”！国家级一流本科专业 + 江苏省产教融合品牌专业 + 江苏省高校国际化人才培养品牌专业三重认证加身，专注食品科学与工程领域的装备研发与智能监测技术，用硬核科技重塑食品产业生态链！成果应用于全球200+ 食品企业，牵头制定5项行业标准。在这里，不做美食家，而做让食品工业更聪明的“幕后工程师”！

最新成果：自主研发的纳米传感器可10秒检测农药残留！

【计算机科学与技术专业】

我是数字世界的“赛博段子手”！国家级一流本科专业＋江苏省品牌专业＋江苏省重点专业＋工程教育认证加持，省拔尖学生培养基地是我的“脑机接口”！在人工智能江湖里，我是能文能武的六指琴魔——左手写bug，右手修漏洞，脑中装着整个元宇宙的“表情包”！

凡尔赛发言：上次用代码做了个自动夸夸机！

【临床医学专业】

我是医疗界的“全能段子手”！国家级一流本科专业＋江苏省品牌专业双认证，教育部专业认证只是我的“行医资格证”，“三全育人”示范专业是我的“锦旗”！博士后流动站＋博士硕士点全制霸，省、市级重点实验室像“医疗百宝箱”——别看我白大褂飘飘，手术刀下可是藏着“让癌细胞笑不出来”的独门秘方！

冷幽默：我的解剖课模型会跳机械舞！

【医学检验技术专业】

我是医疗界的“显微镜喜剧人”！中华老字号，国内本科教学五大元老之一！国家级一流本科专业认证，临床检验诊断学博士点是我的“段子手训练营”！每年培养百余名硕士、20 余名博士，在显微镜与试管间上演“细胞脱口秀”——上次发现个病毒长得像表情包，直接发 *Nature* 子刊当封面！

傲娇脸：我的毕业论文致谢写了首 rap！

当然，

学校的专业还有很多，

它们都有许多话要说，

就等着诸位慢慢与它们交流吧！

江蘇大學

这项金奖擦亮“工业皇冠上的明珠”

在第二十四届中国专利奖颁奖大会上，29 个项目获得中国专利金奖。学校鲁金忠教授团队“一种用于多种叶片激光冲击的变形抑制夹具”斩获金奖。

航空发动机是飞机的“心脏”，被称为“工业皇冠上的明珠”，同时也是衡量一个国家高端制造集成技术的标准。其中，叶片作为航空发动机的核心构件，其价值约占航空发动机的 29%，在极端恶劣环境下，叶片承受交变载荷，极易产生疲劳失效和断裂。

“装夹装置是叶片激光冲击强化过程中不可替代的环节，欧美国家对我国进行封锁，我们必须自主研发。”鲁金忠介绍，研发航空发动机涡轮叶片激光冲击强化装夹主要面临 4 个难题，团队提出发明一

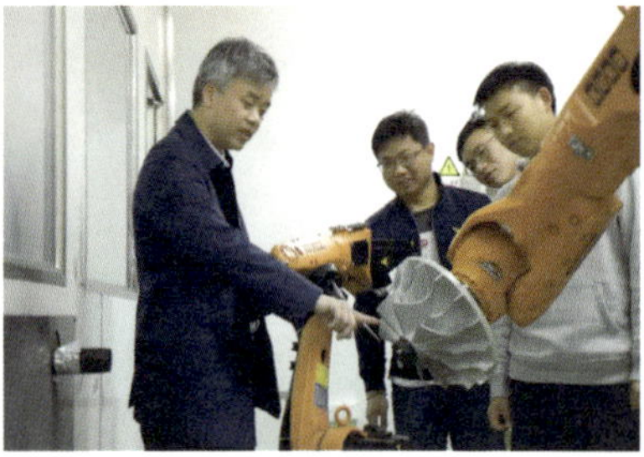

种用于多种叶片激光冲击的变形抑制装夹方法和夹具，可以根据叶片几何特征，进行叶根定位、叶身夹紧，同时又能抑制叶片变形。

基于这样的想法，团队最终采用磁吸式和组合设计，实现了多种叶片快速装夹、灵活切换；多点感应柔性支撑，自适应叶片形状，抑制了强化过程中的叶片变形；叶身则采用柔带式夹紧，约束叶片悬垂末端，提升叶片的夹持刚度。

采用该发明技术强化的涡轮截面位置度、变形扭转角、表面粗糙度、疲劳寿命均达到或超过国际最先进的 LSPT 公司的同类产品；对损伤涡轮叶片进行激光冲击绿色再制造，性能指标超过新的叶片，节约生产成本 75% 至 80%。

由多名院士和航空制造专家组成的专家组给出鉴定意见：该发明专利攻克了航空发动机涡轮叶片等关键件表面改性与保形控制难题，技术原创性强，具有自主知识产权，整体技术达到国际先进水平，其中形性调控技术达到国际领先水平。

“以一个装置获评中国专利金奖，并不多见。”鲁金忠表示，团队为解决国家重大战略需求而设计的夹具，不仅是装置，还包括了快速定位、多点感应自适应和柔性装夹等方法。

目前，该发明技术已实现产业化，在多家行业头部企业得到应用和推广，产生了显著的经济效益。2020 年 1 月至 2021 年 12 月底，技术合计应用单位 6 家，新增销售额 6.25 亿元，新增利润 2.42 亿元。

转让一项，陪跑十年

茶叶残渣也能变废为宝？在新茶上市的季节，让茶厂烦恼的是，加工过程中会有许多细枝碎叶的茶渣产生，扔掉可惜，但是留下也派不上大用场。

江苏大学食品与生物工程学院马海乐团队帮助福建一家茶厂完成了技术开发，原先只能当作柴火的茶渣，经过发酵制成多肽饲料，身价一下翻了许多倍。

从最早的螺旋藻饮料到超临界萃取技术提取蜂胶、功能多肽制备，马海乐的一项项技术成功得到应用转化，并且承诺企业“转让一项，陪跑十年”。

每一项技术研究，对马海乐来说都是一颗种子，而他就像一个辛勤的园丁。

1985 年，本科毕业的马海乐，生平第一项技术设计——花生摘果机，在渭南市通用机械厂研制成功。样机首次下田试验那天，不巧雨水绵绵，作业难度增大，他紧张地趴在出料口，期待着试验结果，发现竟然有 85% 的花生被从藤上摘了下来，“第一代样机能有这个数据相当不错，把技术变成产品这件事还挺有意思的”。

1996 年，博士毕业的马海乐听说附近企业生产的螺旋藻粉卖不出去，他就跑到厂家毛遂自荐用酶解法开发螺旋藻饮料，竟然又大获成功，产品获得第七届中国杨凌农业高新技术成果博览会后稷金像奖。

攻读博士期间，马海乐研究的是超临界萃取技术，他脑子里总有一根弦，要把技术进行转化。

蜂胶中含有丰富的抗菌、抗病毒、降血糖、提高免疫力的活性物质，从 1998 年起，马海乐就开始进行蜂胶活性因子超临界萃取技术研究。

“试验过程很艰难，蜂胶原料就像沥青一样，一加热就变成了黑乎乎的一坨。”第一次从蜂胶原料中提取到黄灿灿的蜂胶提取物时，马海乐按捺不住兴奋，捧着装着提取物的广口瓶，直奔校长办公室。

2001 年之后，马海乐围绕蜂胶活性因子超临界萃取技术开展了一系列推广工作，技术转让的 3 家企业中已有 2 家企业成为国内蜂胶领域同类产品的龙头企业。

尽管技术已经成功转化，但科研团队依然在依据蜂胶超临界提取

物指纹图谱做延伸研究。“蜂胶含有 100 多种活性物质的组分，要像寻宝一样一点点挖掘它的价值。”马海乐说。

“玉米、小麦、菜籽、大豆、葵花籽这些农产品中有大量的副产物没有得到充分应用，造成了严重的浪费。”2003 年开始，马海乐带领团队对 10 余种富含蛋白的农产品加工副产物进行功能多肽制备技术的研究。

这项新兴的技术立刻引起了企业的关注，有家企业准备投资油菜籽多肽产品。但这时，马海乐却踩了脚刹车：“数据都是在实验室里拿试管做出来的，没有经过工业化的装备做放大试验，企业投资那么多，得对人家负责。”于是，马海乐自己开着车，拖着物料去一个个工厂做试验，根据每个环节的工业化数据再设计生产线。

“动物饲养中大量使用抗生素，给肉、蛋、奶等动物性产品的食用安全带来威胁。”近年来，马海乐对多肽又有了新的关注点——对多肽饲料发酵制备技术进行研究。

在完成了技术研发的基础上，课题组在中国农业科学院家禽研究所进行了肉鸡喂养试验、在南通大生源牧业有限公司完成了奶牛喂养试验，均取得了不错的试验效果。

既仰望星空，又脚踏实地。马海乐说：“尽管团队有很多技术，但是人不可能有三头六臂，如果可以的话，我计划再花十年做一项食品装备的产业化项目，一辈子能做三个产品，就很满意了。”

零碾压！机艺融合助力再生稻亩产近千公斤

“株距 12 厘米，总亩产 969.34 公斤；株距 14 厘米，总亩产 894.12 公斤。”随着测产专家的数据播报，安徽省池州市贵池区墩上街道河口村的田头传来阵阵欢呼声，现场观摩的高校院所专家、种田大户激动地鼓起掌来。农机农艺融合模式下，再生稻亩产量实现了新高，稻谷飘香，丰收在望。

2024 年，在河口村占地 6 亩的试验田上，江苏大学农业工程学院李耀明团队进行了大半年时间的试点。“3 月育秧，4 月 26 日宽窄行插秧，8 月 16 日头季稻收获，11 月初再生季稻收获……”团队成员对每个时间节点都记得清清楚楚。

“一种两收、产量高、成本低，再生稻是节本增效的水稻种植方式。”李耀明教授关注再生稻问题已经 8 年多。他介绍，目前我国再生稻种植面积约 2000 万亩，全国适宜种植面积达 5000 万亩，2023 年中央一号文件首次鼓励有条件的地方发展再生稻，再生稻已经成为抓好粮食和重要农产品稳产保供的有效途径之一。

再生稻头季收割时碾压率高，一直是制约再生稻推广的“卡脖子”问题。尽管团队已研发出履带全喂入式再生稻联合收获机，将头季收

获的碾压率降低到25%左右，但李耀明认为还不够，“有碾压就意味着有损失”。

从高碾压到低碾压再到零碾压，李耀明提出了一条完全不同的技术路线——农机农艺融合、宽窄行种植收获。他集结江苏大学、扬州大学、安徽农业大学、池州市农业科学院等研究力量，组成了多学科交叉团队，选用泰两优1332品种，精量播种、宽窄行机插、科学田间管理、直行无碾压收获……在河口村开展了“再生稻提高单产农机

农艺融合关键技术与装备研究”项目试点。

与此同时，再生稻联合收获机也进行了自动对行等多处改造升级。

测产结果表明，在宽窄行机械化种植模式下，株距 12 厘米的再生稻头季及再生季总亩产比常规种植方式提高了 12.1%，株距 14 厘米的提高了 3.3%，产量提升显著。

“农机农艺融合模式下，再生稻单产的突破将极大地提升再生稻的经济价值，为未来再生稻的大范围推广注入一针强心剂！”李耀明说。

这项世纪工程，满满的江大担当和作为

2020 年 11 月 13 日，习近平总书记来到江都水利枢纽，了解南水北调东线工程规划建设和江都水利枢纽运行等情况。这项世纪工程中，饱含着满满的江大担当和作为！

江都水利枢纽位于京杭大运河、新通扬运河和芒稻河的交汇处，是南水北调东线工程源头，被誉为“江淮明珠”，是目前我国规模最大的电力排灌工程、亚洲最大的泵站枢纽。习近平总书记视察的江都第四抽水站采用了江苏大学自主研发的 TJ04-ZL-02 号优秀水力模型，通过水力模型等比例放大制造了 7 台大型立式轴流泵机组，单机容量 30 立方米 / 秒，单机功率 3000 千瓦，2010 年 6 月 23 日通过了验收，运行十多年来，保障了南水北调东线源头泵站机组节能高效、安全稳定运行。

该成果综合技术指标达到国际先进水平，获江苏省科学技术奖一等奖、中国产学研合作创新成果奖一等奖等。成果已转让荷兰、日本、德国等行业骨干企业 100 余家。系列大型低扬程泵已成功应用于南水北调东线一期工程、中线工程，引江济淮工程等工程中的 20 余座泵站，约占总数的 70%。同时，成果还广泛应用于长三角、珠三角、黄淮海、东北平原等地的防洪排涝、水资源调配、水环境改善、农业排灌等重要领域以及全国泵站更新改造工程。该成果显著提升了我国大型低扬程泵的技术水平，在推动行业进步、引领行业发展、解决北方缺水、抗旱减灾、节能减排和服务“三农”等方面做出了重大贡献。

让防疫人员吃上可口的热乎饭

防疫一线人员的吃饭问题怎么解决？在全国各地，由中央厨房为防疫一线人员提供安全健康的餐饮服务，为打赢疫情防控阻击战提供了坚实的后勤保障。

新冠疫情防控期间，得知合作企业参与防疫工作，江苏大学食品与生物工程学院院长邹小波教授说："我们高校科研人员上不了一线，就用科研成果来当'战疫'的坚强后盾。"

邹小波是"十三五"国家重点研发计划"中式自动化中央厨房成套装备研发与示范"项目负责人，该项目联合了江苏大学、中国农业科学院农产品加工研究所、中国航天员科研训练中心、江南大学、中国农业大学、美的、海尔等25家单位。

快餐盒饭、速冻包子、速冻饺子、糯米鸡、即食鸭……疫情期间，嘉和一品、广州酒家集团利口福食品有限公司等项目合作企业全面开工。利用中央厨房自动化装备生产方便食品，既省时省力又实现了分餐制，全力保障了抗疫一线人员和社会团体的食品需求。

合作企业南京乐鹰商用厨房设备有限公司生产的米饭生产线、炒菜锅、洗箱机等自动化装备，被应用于湖北武汉中百生鲜物流园的中央厨房工厂。公司总经理张如波说："以米饭生产线为例，2个工人

中式自动化中央厨房成套装备研发
中央厨房菜肴包装与加工剩余物处理技术与装备研发
中央厨房菜肴品种多样、成分复杂
分布式契构收集
剩余物的无害化处理

1个小时就能生产1320公斤的米饭，可以供4000人食用。”

尽管汉堡、日式便当等已经通过中央厨房实现了自动化加工，但是中式餐饮种类繁多，且小锅换成大锅，口味变化较大。经过近三年时间的研发，项目围绕中式套餐成套装备的开发，对食材调理、米饭蒸煮、菜肴烹饪、包装回收各环节的专用技术和关键装备进行研究，并结合清洁化生产和智能化配送技术，开发了中式自动化中央厨房成套装备，解决了中央厨房各装备间的有机配套与系统协调差的难题。

邹小波介绍，目前，该项目已经在5家大型企业得到示范应用，开发中央厨房设备38台套，并形成示范生产线6条。在长春市广惠中小学营养餐有限公司的一体化中央厨房设计中，100个工人即可供应10万人的用餐。在广州酒家集团利口福食品有限公司，技术转化后建设中央厨房配餐食品的清洁化生产线1条，班产盒饭10000盒，同时可以生产盐焗鸡、大盘菜、广式靓汤等，常温下保质期延长至原来的2倍以上。

“完整的中式中央厨房可以打通全产业链，从田间地头到厨房餐桌，一头连着农户，一头连着消费者。”邹小波说，“当前食品业的发展趋势就是通过食品科技来助力健康转型，推进食品智能制造。”

他也举例说，在高铁、飞机上的快餐盒饭中往往没有绿叶蔬菜，这是因为绿叶蔬菜很难保脆护绿，“采取这项技术手段以后，绿叶蔬菜就可以成为热配送快餐盒饭的常客了”。

高铁玻璃穿上了“防弹衣”

奇事！小小飞鸟能撞碎高铁玻璃。2013 年 6 月 2 日中午，一幕真实版“愤怒的小鸟”在江苏镇江上演。像往常一样，从杭州发往北京的 G38 次高铁缓缓驶离镇江南站。突然，一只鸽子意外撞上了高铁车头，“砰”的一声闷响后，高铁前窗玻璃出现了大面积裂纹，列车不得不在下个站点检修换车。

不要小瞧了高铁车头这块小小的前窗玻璃，面积不大，造价却在 5 万～ 15 万元不等。曾经，速度 300 千米 / 小时以上的高速列车所用高强度风挡玻璃生产一直被法国、意大利等国外公司垄断。在我国大力发展轨道交通的大环境下，江苏大学材料学院提供技术支撑，与江苏铁锚玻璃股份有限公司合作，经过持续的技术攻关，研发生产的速度 400 千米 / 小时以上的高速轨道列车专用高性能安全玻璃突破了高速轨道交通关键材料国产化的瓶颈。

历经多年联合攻关，两家单位开发的“超薄新头型试验高速动车组前窗玻璃”先后荣获中国产学研合作创新成果二等奖、中国机械工业科学技术一等奖等多个奖项。目前，技术实现工业增值 9.3 亿元、利润 2.3 亿元，实现出口创汇 1000 万美元。

除高速轨道交通外，飞机风挡玻璃也关乎国家重大基础设施的安

全性和国际竞争力。当前，江苏大学材料学院与江苏铁锚玻璃股份有限公司围绕保障国家航空安全目标，致力于大飞机风挡玻璃的合作研发，相信在江苏大学材料学院研发团队的科研攻关下，中国制造的安全玻璃一定会插上翅膀，飞翔在蔚蓝的天空。

任正非提到的液压拖拉机，到底有多厉害

2023年，在华为举办的“难题揭榜”火花奖颁奖典礼上回答“应用类数学”领域的提问时，任正非以江苏大学研发的一款液压拖拉机来举例说明，引发不少人关注。

在当时的颁奖典礼上，有人提问：“在一些应用类数学领域，从华为角度看，哪些问题可以去做中期或长期规划？”任正非在回答时说道：“我认为，数学跟工业的结合，应该是一些具体应用研究所的任务。比如，江苏大学和郑州合作做了液压拖拉机，学院为什么不可以有各自的特色，它不就是有些方面的名校了吗？大马力液压拖拉机目前只有美国才有，一天耕地近万亩，就很厉害。我国做的拖拉机马力小，但不是已经会做了吗？……理论联系了实践才能发挥出更大的价值，‘无用’方能‘有用’。”

任正非提到的这款国产液压拖拉机，正是江苏大学和企业合作研发的。

2023年3月17日，广西玉柴机器股份有限公司的混合动力无级变速拖拉机正式上市发布。这是全球首款混动电驱无级变速动力总成配套拖拉机，被业界专家称为“开创了中国农业装备电驱无级变速新

时代”。

演示会上，两辆身形庞大的260马力拖拉机在泥泞的田地中耕地作业。“前进挂D挡，倒车挂R挡，踩油门控制车速，不需要额外操作，就跟开家里的小汽车一样。”轻松的驾乘体验，吸引了不少嘉宾试驾。

据悉，玉柴混合动力电驱无级变速动力总成（IE-POWER）是此款大马力拖拉机的最大亮点。搭载这种动力总成的重型拖拉机可实现“田间作业”和“道路行驶”双模式运行，作业效率比传统拖拉机提升15%～35%，最高节油率超过30%，具有作业噪声小、驾驶和操纵舒适性高等特点。采用该动力系统，还可以助力拖拉机轻易实现辅助驾驶、无人驾驶及地头管理、半坡防溜车、专项机具对接、电力输出等功能。

江苏大学作为技术合作伙伴，与玉柴、沃得联合申报的“大马力电驱动无级变速混动拖拉机关键技术攻关”获批立项 2022 年度江苏省重大核心关键核心技术攻关项目，总投资达 1.1 亿元。

动力换挡和无级变速技术是长期以来制约我国农业装备安全发展的“卡脖子”问题。中国工程院院士陈学庚在发布会现场的采访中表示，这次混合动力无级变速拖拉机的商业化应用，打破了国外对无级变速技术的长期垄断，开创了中国大型农业装备电驱无级变速纯国产化的新时代，并首次将我国大型农机装备带入低碳化、智能化、可持续发展的新能源赛道。

一钻打出“幸福井”

“打井一共分几步？”

“需要4步：找水、定井、钻井、固井。”

在地震、滑坡、泥石流等自然灾害易发地区，由于地质条件复杂，找水打井成井率往往很低。

2023年9月，由江苏大学牵头的国家重点研发计划项目“山区和边远灾区应急供水与净水一体化装备”，在四川省绵阳市北川羌族自治县黄家坝村开展应用示范，集中展示地震、滑坡、泥石流等典型

地质灾害场景下，山区和边远灾区应急供水与净水一体化装备应用情况。

项目组智能勘测找水、智能钻机打井，均一次性成功，打出一口井径 219 毫米、进尺 17 米出水、终孔深度 61 米的水井，命名为“涌泉井”；又应黄家坝村村委会的需求，在村委会附近义务勘测找水，打出一口进尺 35 米出水、终孔深度 60 米的水井，命名为“小康井”。

“经过初步估算，两口井日出水量分别约为 300 吨和 50 吨，水质很好、水量充沛，完全能够满足今后有可能出现的灾后应急供水需求。”项目组负责人、江苏大学国家水泵及系统工程技术研究中心主任袁寿其研究员表示。

黄家坝村地处成都平原向藏东高原过渡的高山峡谷地带，是典型的地震、滑坡、泥石流、洪涝等自然灾害易发地区。“这两口水井为我们村日常饮用、灌溉用水提供了保障，为我们村的乡村振兴补充了生命源泉，我们再也不用靠天吃水了！”看着涓涓流水，黄家坝村党支部书记赵正军感激地说。

智能勘测找水打井一次成功，背后隐藏着哪些高科技？袁寿其介绍，主要是基于空 - 天 - 地多元信息的综合分析。项目组探明了黄家坝村及周围地区的水文地质结构、汇水条件和蓄水空间，结合地球物理高密度电阻率法的探测结果，成功勘测井位并实现了快速钻井、成井、固井。

在当天的应用示范中，项目组展示了适用于山区和边远灾区的地下水源智能勘测、水质快速检测、快速随钻成井等6套装备，以及智能钻机装备系统等3套系统，现场进行了集中联合运行演练，获得评估专家和用户单位的好评。

看到研究成果解决了黄家坝村村民的饮水难题，项目组成员十分激动。“习近平总书记指出，人类对自然规律的认知没有止境，防灾减灾、抗灾救灾是人类生存发展的永恒课题。这为我们今后的科研工作指明了方向，”袁寿其表示，“项目组将以此次应用示范为新的起点，不断完善创新山区及边远灾区应急供水装备，为保障人民生命健康和乡村振兴做出一线科研人员应有的贡献。”

全国独一无二的文献资源中心

地方不大，却是国际一流，位于江苏大学图书馆五楼的国际赛珍珠文献资源中心经过多年的建设，已成为国际上收藏赛珍珠文献资源品种最多、内容最丰富的特色文献资源实体库。

赛珍珠是美国第一位获得诺贝尔文学奖的女作家，一生致力于中西方文化交流，被誉为“一座沟通东西方文明的人桥”。

天
All Under Heaven
Pearl S. Buck
下
PEARL S. BUCK
A Biography
by Theodore F. Harris
in consultation with Pearl S. Buck
PEARL S. BUCK
Good Earth Mother
Pearl S. Buck's
Between Two Worlds
PEARL S. BUCK
A Biography
by Theodore F. Harris
in consultation with Pearl S Buck
PEARL S. BUCK
A BIOGRAPHY
by THEODORE F. HARRIS
Pearl S. Buck
A Cultural Biography
Peter Conn

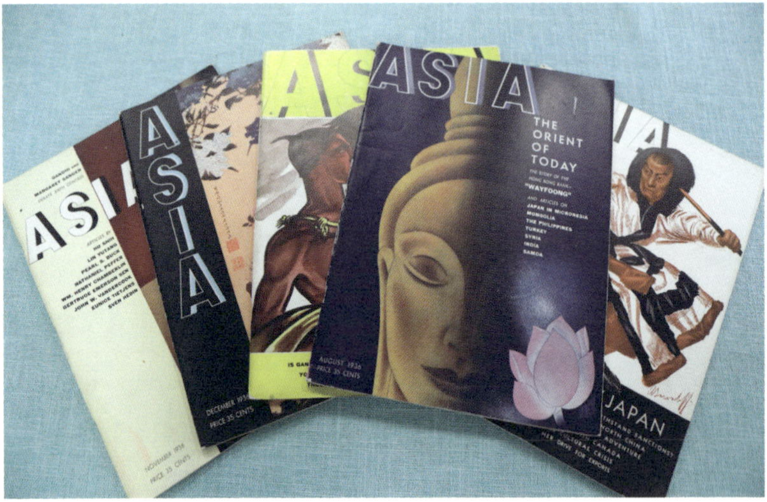
ASIA
ASIA
ASIA
THE ORIENT OF TODAY
"WAYFOONG"
JAPAN IN MICRONESIA
MONGOLIA
THE PHILIPPINES
TURKEY
SYRIA
INDIA
SAMOA
AUGUST 1936
PRICE 35 CENTS
JAPAN

赛珍珠在镇江学习生活 18 年之久，她亲切地称镇江为“中国故乡”。

看点一：馆藏资源世界最丰富，实体文献近 1000 种。

馆藏文献的出版时间从 1930 年至今，包括 120 部赛珍珠原著作品，以及俄语、意大利语、法语、捷克语、希伯来语……多国译著作品和国内各种赛珍珠研究论著。

看点二：收集了 280 多册美国《亚洲》杂志，世界上绝无仅有。

《亚洲》是美国著名的区域性研究杂志，尤其自赛珍珠担任主编以来，大量美国知名作家、中国问题专家、记者和中国作家学者为杂志撰文。《亚洲》杂志推动了美国 20 世纪上半叶汉学的发展。

看点三：中心根据馆藏资源进行收集整理，为国际赛珍珠学术研究提供了自由、开放、互动的交流与资源获取平台，剑桥大学常务副校长等专家学者慕名来访。

藝術學
江蘇大學

第四篇章

这里有先生

翻开此章，我们将聚焦奠定江苏大学发展基石的大先生，他们是这所大学的灵魂人物，是学术界的璀璨明星。这些大先生，不仅仅学识渊博，更有着高尚的人格魅力和独特的教学风格。他们在讲台上风度翩翩，用生动的语言将枯燥的知识变得妙趣横生；在实验室里严谨认真，对每一个实验数据都精益求精。他们不仅仅是学生学术上的导师，更是生活中的益友，关心学生的成长，倾听他们的心声。大先生们以身作则，用行动诠释着什么是真正的学者风范，也激励着一代又一代的学子追求卓越，勇攀高峰。

我心中的父亲

父亲离世时，我才 14 岁。打开封存了半个世纪之久的记忆闸门，恍惚间，父亲缓缓向我走来。

我心中的父亲，是一个了不起的人

父亲对我国科技发展做出的贡献，对我国排灌机械事业做出的奠基性贡献，我是长大以后才知道的。人们称他为著名农业机械专家、内燃机专家、排灌机械事业创始人，而在我和哥哥、姐姐心里，他是天底下最好的爸爸，是我们家的参天大树。

父亲的性格非常爽朗，爱说爱笑。他很忙，每天早饭后出门，中午很少回家，晚上也是很晚才回来。即使回来，也是一吃过晚饭就进书房。有时还会通宵达旦地和他的团队工作在实验场地，所以我不是每一天都能见到他。但只要我还没睡觉，他回家的第一件事就是来抱抱我、亲亲我，用胡子扎扎我的脸，还喜欢把我高高举起。父爱撒下的那份甜、那份暖、那份欢乐，留存至今。

在我三四岁的时候，有一天父亲一回家就从包里拿出几张照片，笑着对我和妈妈说："看看这是谁？""呀，是爸爸！"照片中，他站在一位神采飞扬、和蔼可亲的人的旁边。"这是周总理，是咱们的国家领导人。"妈妈告诉我。后来我才知道，那是父亲的内燃水泵研究成果参加了1958年全国农业大会的展览，获得全国农业科技成果特等奖，他因此获得了周总理的接见。

1963年，我们全家随父亲从长春吉林工业大学来到镇江后不久的一个傍晚，家里来了很多人，都是父亲的同事和学生，像过年一样热闹。父亲一进门，大家就把他围了起来，争先恐后地和他握手说话。过了好一会儿，我才听明白，原来父亲去北京开了个会，见到了毛主席。父亲激动地说："我们和毛主席一起照相了，我握到毛主席的手了！"这是我第一次也是唯一一次看到他笑中含泪，妈妈也搂着我哽咽起来。从那个时代过来的人都知道，全国人民对毛主席是多么爱戴，能和毛主席握手合影，是多么光荣幸福、多么了不起。后来我才知道，那一次爸爸作为人大代表参加了全国人民代表大会。

我心中的父亲，是一个有着赤子之心、报国之情的人

妈妈告诉我，爸爸这一生学什么做什么，都是以国家的需要为目标的。

出身贫苦农家的父亲早年勤奋好学，仅用6年时间就以优异的成绩读完了小学、中学、大学。后来，湖南大学机电专业毕业的父亲获

得了公费赴英留学读研的机会，报考了英国皇家学院航空系两个最好的专业——航空专业与航空发动机专业。为什么要报考这两个专业？因为那时我们国家的航空事业几乎一片空白，他立志要为填补这个空白尽自己的一份力。两年不到，他就完成了两个专业的全部学业，之后毅然回国，为祖国效力。

1936年，25岁的父亲成为湖南大学最年轻的教授。因为当时湖南大学没有航空专业，他暂时到当时中国唯一的航空学校——成都航空工程学校任教。学校条件简陋，没有实验室，没有足够的教练机，没有可供实习的飞机，但师生们都有着共同的目标——为组建中国空军而奋斗，很多学生后来成了中国空军的主力。父亲在学校很受重视，一去就上了几门主课，如航空发动机原理、航空学、航空动力学等。后来因不时有飞机轰炸，学校只能暂时停办，父亲又回到了湖南大学。

1940年，太平洋战争爆发后，美国的石油供应被切断，许多汽车因缺油而停开，汽车改造迫在眉睫，任务落到了父亲和另一位教授身上。为此，父亲的主攻目标又转向了汽车。经过一番严密细致的分析、研究和严谨的实验，他们终于研发出一款煤气汽车，为冲破封锁、保证国内特别是西南地区的物资供应起到了重要作用。父亲又对汽车发动机中的易损零件——活塞环进行了研发，抗战胜利后，他建立了我国第一个活塞环制造厂。

新中国成立后，百废待兴。中国是一个农业大国，父亲从未忘记

他是农民的儿子，他担过水，踩过水车，深深体会到水是农民的命脉。这时，已经步入中年的父亲又把研究方向调整到水力机械，立志用水力机械帮助农民解决水的排灌问题，做到既防涝又防旱。他提出了创建中国排灌机械学科的宏大目标，并义无反顾地投身其中，立志为农民设计一款大功率、简结构的排灌机械，让农民用得上、用得起、会操作。他的初步方案是把内燃机和抽水机的原理进行组合，还为它取了一个好听好记的名字——内燃水泵。“知道我们为什么会从吉林工大调到镇江来吗？”妈妈问。我摇摇头，妈妈说：“因为爸爸的内燃水泵试验需要水呀。”

只讲付出，不求回报，是那一代知识分子的真实写照。有一次妈妈拿着一双皮鞋给我们看，崭新的鞋舌上竟少了一大块皮子。妈妈说，去北京开会的那天上午，爸爸还不忘去实验室看看。实验时发现某处少了一块垫片，他就把新鞋子鞋舌上的皮子割下来用，鞋带一系，还真看不出来。“他居然就穿着这样的鞋子去北京开会了。”妈妈哭笑不得地说。

我心中的父亲，是一个勤勤恳恳、任劳任怨，心里只有内燃水泵的人

认识父亲的人都知道，他患有严重的高血压，但很多人不知道的是，他还患有其他多种重病。从妈妈留下的文字中可以看到，“他的血压经常高达 200 mmHg，已进入第三期，由此引发了严重的心脏病、高血脂和肾病。他小腿浮肿，夜尿增多，眼底发红，手足发麻，疲惫乏力，膝关节、腕关节僵硬不灵活，心率常达每分钟 100 次。他一心扑在研究和实验上，加上少年时期就患上的慢性支气管炎，整晚地咳嗽，得不到充足的睡眠和休息，又加重了他的高血压”。难怪才 50 岁出头的父亲出门都要拄个拐杖，那是防止突然发病摔跤。

我亲眼看到的就有两次，父亲被人用担架抬回家。一次是实验时煤气中毒，还有一次因高血压晕倒。父亲每天吃药不是一颗两颗地吃，而是一把一把地吃。每天早饭后，妈妈都要递给他一大把药片，再把

头天晚上准备好的两包药放进包里，千叮咛万嘱咐地告诉他如果中午、晚上回不来，一定记着饭后吃药。即便是这样，父亲不仅从未耽误过内燃水泵的研究和实验，还撰写出版了多部航空、排灌机械等方面的教材和专著。

是的，这就是我的父亲，心怀祖国、情系农民的父亲，一辈子以中国农业机械发展的需要、以国家科学发展的需要为己任的父亲！

我经常暗自悲叹，自己得到的父爱太少。可现在回首看去，蓦然发现，那 14 年的父爱其实陪伴了我一生，影响了我一生。父亲虽然没有机会在我的人生路上直接给予指导和引领，可是在当时的历史背景下，我能够在刚读完初二、在菜场和工厂工作了 7 年后、在恢复高考的第二年，通过刻苦自学跨进大学的校门，不正是父亲那种身处逆境仍然自强不息、奋力拼搏的精神的传承吗？我在毕业留校走上讲台以后，能够三十五年如一日，心无旁骛地投身教学，视学生如己出，视教育事业如生命，这不正是父亲那种执着专一、只讲奉献不求回报的精神的延续吗？

是的，我其实和我身边所有人一样，一生都深受父亲慈爱目光的温暖照耀，一生都沐浴在伟大的父爱之中！

（本文作者戴立玲，戴桂蕊教授的女儿、我校机械工程学院退休教师）

用时间读懂高良润先生

我是一个农家孩子，懵懵懂懂中努力考大学想跳出“农门”，而1979年高考的第二志愿让我再入“农门”，进入浙江农业大学（现浙江大学）农业机械设计制造专业学习。自那时起，我就经常耳闻高良润先生大名。作为1945年中国农业工程学会20位公费留美人员之一，高先生在中国农业机械界拥有极高的学术威望。因仰慕江苏工学院（现江苏大学）农业机械专业的学术地位，1985年，我大学毕业在企业工作两年后考入该校，攻读农业机械设计制造硕士学位，师从冼福生教授，从事植保机械研究。植保机械是高先生的主攻研究方向，因此我经常得到高先生的教诲。1989年我考上本校农业机械设计制造专业博士研究生，师从高良润教授和冼福生教授，并加入由罗惕乾、杨诗通、钱启平等教授组成的指导小组。我在江苏大学学习工作7年，离开江苏大学后还能经常聆听高先生教诲，心中颇多感慨。师恩像漫长的江河，源远流长，难以尽表。伴随着时间的悄悄流逝和人生阅历的日渐丰富，高先生的为人处世和博学睿智越发使我受益匪浅，值得我们一再细品……

明白四达，能无知乎？

高良润教授是农业工程学家、教育家，作为中国高等院校农业机械学科创始人之一，他在植保机械、排灌机械方面有很深的造诣，可谓中国现代植保机械研究的鼻祖。早在 1960 年，高先生就和师生一道，创制了植保机械喷头和液泵试验台，进行长时间、大规模的试验。1978 年，他又开始对国际上开创性的农药静电喷雾理论及测试技术等进行研究，引起国内外学术界的广泛关注，研究成果居国际先进水平。

1987 年、1990 年高良润先生分别获国家机械工业委员会授予的“教书育人优秀教师”和国家教育委员会授予的“从事高校科技工作 40 年，成绩显著的先进工作者”称号，享受国务院政府特殊津贴。1995 年 10 月美国明尼苏达大学认为，50 余年来，在促进中美学术和人员交往中，高良润教授为国际计划的实施和国际友谊的增进，做出了学术的、领导的和卓越的贡献，特授予其“金花鼠奖状”。1981 年，

高先生成为中国首批博士生导师，扶植一代代年轻人深入开展研究工作，为国家培养了一大批优秀的高级专门人才，其中包括一大批教师、19 名博士和 28 名硕士。

学而不厌，诲人不倦

高先生于 1935 年考入国立中央大学机械系，大学四年级时，他根据读书心得写成论文《列车配合法新建议》，提出了科学、经济、实用、简便的列车配合方法，刊于《机工》杂志，并在 1943 年中国工程师学会兰州年会上宣读，受到专家们的重视和大会的表彰。1941 年，他参加全国机械工程类建设人员高等考试，成绩名列榜首；1942 年，他进入中央工业试验所，任技术室设计组组长。他在教学中结合资料和经验，写成《木工》一书。该书被评为“部定大学用书”，1942 年由正中书局出版（1950 年，由人民出版社再版，更名为《木模制造》）。1945 年，他考取教育部公费留美研究生，进入美国明尼苏达大学研究生院，主修农业工程，辅修机械工程。1947 年 6 月，他获科学硕士学位，然后在美国万国收获机械公司、伯克利泵厂、赫尔斯卡特发动机厂实习。1948 年 6 月回国后，他在国立中央大学机械工程系任副教授，并在中央大学和金陵大学农业工程系兼课。

高良润先生从事教育和科研工作 60 余年，出版和发表的教材、论文、译著、词典、手册、标准、史志、百科全书等总字数超过

2500万字，其中包括大学教材12种、学术论文180余篇。他担任《中国农业百科全书·农业机械化卷》副主任编委及其中的《植保机械》主编；担任《江苏农业机械化志》副主编。由于掌握英、俄、德、日、法多种语言，他承担了《英汉农业机械名词》《日汉农业机械名词》《德汉农业机械词典》的编撰工作。高先生知识渊博，十分重视学科的交叉、渗透和创新，以形成自己的研究特色，在植保机械、排灌机械、农产品加工工程，以及农业机械结构和材料方面都有很深的造诣。

2006年，美国农业部农业研究试验站农药使用技术中心首席专家朱和平博士应邀来南京林业大学参加“2006先进农药应用技术研讨会”，高先生不顾已近90岁高龄，亲临会场致辞。他语调亲切，侃侃而谈，对植保机械研究历史的精准阐释，对植保机械未来发展的高瞻远瞩和独到见解，给晚辈们留下了深刻的印象。整整一天的学术交流活动，高先生都坚持参加，其学习精神和对学术的不倦追求可见一斑。

君子务本，本立而道生

高先生在教学中，重视学生德智体全面发展，提倡理论联系实际。我第一次见高先生应该是在攻读硕士研究生一年以后，高先生到农业机械实验室时，专程到我正在准备开展的农药静电喷雾研究的试验台前。见到中国植保机械研究的学术泰斗，刚开始我有点紧张，但高先生平易近人，丝毫没有“学霸”气。他非常亲切地询问试验安排和工作进展，并简要指出国内外植保机械研究的概况和发展趋势，特别提到静电喷雾研究的重要性，勉励我认真开展研究工作。

高先生治学严谨，在我攻读博士学位期间常给予建设性的指导意见并指出进一步努力的方向。记得 1991 年春节期间，我利用当时亚洲最大的排灌试验大厅开展静电喷雾试验研究，高先生亲临试验场地，关心试验进展和存在的问题，给我以很大的鼓舞。

2005 年，我应主编屠予钦先生（时为中国农业科学院植物保护研究所研究员）的工作分派，请求高先生为中国化学工业出版社即将出版的《农药应用工艺学导论》一书作序，高先生听后，欣然应允，亲自接待了屠先生和我一行，听取图书介绍后，亲自完成序作。

夫唯不争，故无尤

20 世纪 80 年代后期，高先生家住南京，在学校过着“准光棍”的生活，自己每天提着热水瓶上学校单身教工楼三楼的宿舍，生活简单而朴素。我 1992 年博士毕业到南京工作后，经常去看望高先生，高先生生活的简朴给我留下非常深刻的印象。当时高先生和夫人住在南京鼓楼附近的女儿家，家中没有现代化家电，摆设也很简单。2007 年的一天，我因事开车经过北极会堂的公交汽车站，看到高先生与另一位老先生一起在等候公交车，我提议送他们到要去的地方，但高先生坚持说不需要。年届 90 高龄，高先生依然保持着平和、朴实的生活态度。

高先生为人真诚豁达，从不怨天尤人。多年来，经常有人谈起，凭高先生的学识和成就，他早就应该是院士了。我在与高先生交往的过程中领悟到，人要学会放弃。人生总会遇到不如意、不顺心的事，抱怨虽能暂时缓解烦恼和痛苦，却无法从根本上解决问题，抱怨还会让别人难过，让自己的心情变得更糟，所以要远离抱怨，放下就是快乐。

在高先生的熏陶下，我经常告诫自己要“换位思考，以诚待人”，不管是在教育战线工作还是身为公务员，我们都要认真体悟人生，“人”字写起来很简单的两笔，但做好却需要一生的努力。人要活得简单、无忧，才能活得幸福，奢华享受和争权夺利不能提高生活的质量，也无法丰富生活内涵，一定要修身立德写人生。

在庆祝高先生 90 华诞之时，时任江苏大学党委书记朱正伦用 4 个“道”来形容高先生：为人之道真诚谦和、为师之道身正为范、为学之道淡泊名利、为校之道爱校如家。高先生也说“生命在于运动，寿长源自德高”，并表示自己还在努力着。高先生的一言一行深深影响着我，我将用今后的人生来真正读懂我的导师高良润先生……

（文章作于 2011 年 5 月，

本文作者郑加强，我校农业机械设计制造专业 1985 级学生）

先生与教授

随着年龄和阅历的增长，我对“先生”一词的理解越来越深刻。

回顾成长经历，许多老师曾给予我教诲、关爱和提携，其中，刘恭植教授是改变我人生轨迹的先生。

感谢命运的眷顾，1985年毕业留校不久，我就遇到了刘恭植先生。先生像一束光，点燃了我心中的希望，照亮了我人生的方向。

我生平开展的第一项科研工作、发表的第一篇学术论文，都是在先生的指导下完成的。先生严谨求实的科研态度，在我的科研道路上留下了深深的烙印，对我一生的科研工作产生了深刻的影响。

先生一直鼓励年轻教师报考研究生，不仅给我推荐学校，而且主动为我写推荐信。当我第一次考研失利情绪低落的时候，先生给予我莫大的安慰。曾听闻先生私下对学院领导表态：“不把王立新送出去读研，我不退休！”先生的鼓励是我最大的动力，攻读研究生也成为我人生的转折点。

先生热爱教学，尤其关心年轻教师在教学方面的成长。当时，教学大都采用挂图和板书的形式，需要准备教学讲义。先生时常一字一句批改我的教学讲义。先生说，临床微生物检验就像警察抓小偷，有三种情况：最好是现场抓获，铁证如山（直接检测出或培养出微生

物）；小偷逃跑了，可以从身份性物质入手，如毛发、血迹等（检测出抗原、核酸等）；小偷逃跑了，还可以从特征性标记物入手，如指纹、脚印等（检测出机体感知微生物入侵产生的特异性抗体）。先生的比喻我至今记忆犹新。

为减轻考研教师的教学负担，先生经常主动承担教学任务。1994 年，我硕士毕业返回母校任教，教学任务较重，一度嗓音沙哑、说话困难，先生知道后主动代我上课。考虑到先生年近七旬，在他代课两天后我不忍心再劳累他。第三天的课堂上，先生却悄悄地坐在教室最后一排，他是不放心我的嗓子，特地过来看一眼。

从教 39 年来，我一直以先生为楷模，牢记先生嘱托，时刻鞭策自己做好教学工作。2023 年，我荣获东南大学卓越教学奖，也可以此告慰先生了。

在1985年中国第一个教师节来临之际，我成了一名光荣的人民教师，那时同事间以“老师”互称。自从先生从同济医学院来到镇江医学院后，全校师生都尊称他“刘教授”，一时间似乎“教授”成了先生的专称。这是我心中关于“教授”的最初理解和第一印象：教授就是有真才实学、令人尊敬的老师！

同一时期还有一位“年轻教授”——81级韩伟国学长。留任生化教研室的伟国学长戴一副金丝眼镜，身材修长，风度翩翩，颇有“教授范儿”，年轻教师之间都戏称他为“教授”。一日，一帮年轻教师聚在一起，有人高呼“教授”，伟国学长欣然应答，没有想到先生突然出现在门口，高声应答后随声而入。“假教授”遇到真教授的尴尬场景，随之传为趣谈。当年的“假教授”现在大多成了真教授。我想，当年的“戏称”可能包含着年轻教师对“教授”的向往、对“教授”的崇敬。

（本文作者王立新，我校医学院医学检验专业1982级学生）

我的论文创作生涯

我出生在书香门第，父亲陈登原是西北大学历史系二级教授。不到 40 岁时，父亲就出版了两卷巨著《中国文化史》，这套书被称为“民国时期研究中国文化史的必读书”。

我一生发表了很多论文，国内 40 篇、国外 335 篇，著有一本 330 页的英文专著《弹性力学中多裂纹问题》，出版于英国，还有一

些应力强度因子计算结果被收录于日本学者 Murakami 编写的《应力强度因子手册》，篇幅占 101 页。这些论文和著作的发表与出版受我父亲的影响至深。

1952 年，我考入上海交通大学机械系就读本科。后因为国家建设需要，分配到专修科，毕业后分配到咸阳西北工学院担任助教。

在西北工学院期间，我面临的首要担忧是：一个专修科毕业生如何在大学里找到安身立命之地？我没有退缩、没有胆怯，在奋斗中找寻自己的人生。

工作之余，我自学苏联 Smirnov 的高等数学，又自学弹性力学。日积月累的努力下，1962 年，我在《力学学报》上发表了首篇论文《幂强化时无限宽板的纯弯曲》。当时，西安地区在《力学学报》发表论文的共有 4 人，其他 3 人均为二级教授。这篇文章的发表奠定了我在高等学校立足的基础。日后，我在弹性力学、断裂力学方面取得的教学成绩和研究成果都来自于当年的自学和努力。

当温暖的改革春风吹遍神州大地时，我正在西北工业大学工作，高等学校发生了翻天覆地的变化。整个学术界都在破浪前进，我也成为其中一个幸运儿。20 世纪 70 年代末，力学界传来许多新信息，断裂力学和有限元方法是两个新兴的研究领域。此外，计算机的应用让力学研究有了强大的工具。就在这个时刻，我日夜努力，在开裂扭转杆应力强度因子的计算上做出了贡献，研究成果刊登在美国《工程断裂力学》杂志上。那个时候，在国际期刊发表论文的人寥寥可数，这篇文章也获得了 1979 年陕西省科技成果一等奖。

当时，西北工业大学有一个不成文的规定：凡是助教讲师开新课时，都要进行试讲。领导安排我从事研究生班和力学师资班的弹性力学教学，但没有进行试讲。让一个从未讲过弹性力学课程的人去上弹性力学课，这成为当时学校的一个美谈。投桃报李，在研究生弹性力学教材中，徐芝纶编著的《弹性力学》中缺乏变分原理的章节，我把一本俄文教材的有关章节翻译成中文，逐字逐句在课堂上讲解给研究生。当时我为硕士研究生上了 120 小时的弹性力学课，远远超过一般标准。不辞劳苦、不计报酬，不正是我们这一辈人应有的工作态度吗？

1984 年，我调到江苏工学院（江苏大学前身）工作。学校领导的关心和幽雅的校园，客观上为广大师生营造了一个拼搏前进的环境。那时候，计算机的应用为各行各业开辟了广阔的前景，学校引进了 Vax 计算机，让我可以足不出校就能算出想要的结果。同时，我申请到了国家自然科学基金，有了开支研究费用的基础。其间，我还被推荐为全国优秀教师和江苏省优秀研究生教师。

曾经，学校有一个 30 年教龄的纪念活动。正值我 30 年教龄之际，很不巧，纪念活动和上课时间冲突了，我就放弃了美味佳肴，按时为研究生上课。

任教期间，我多次获得“中国大陆高被引学者”称号。退休后的近20年里，我仍有100多篇论文发表在国外力学杂志上，“退而不休”是我工作精神的真正写照。

我常常在工作之余扪心自问：“若是没有党的坚强领导，若是没有学校的培养，我能取得这些成绩吗？”党的二十大对全面建成社会主义现代化强国、实现第二个百年奋斗目标作出了全面部署，我们都是千里长江中的一滴水，向着东方、向着阳光，站在喜马拉雅山巅上。

（本文作者陈宜周，我校土木工程与力学学院退休教师）

何为师之乐

闫永胜是江苏大学化学化工学院教授。工作中，常有学生问他："闫老师，我们总让您费心劳神，可怎么感觉您仍乐在其中？"闫永胜说，他确实对带学生这件事"上了瘾"，"教师影响的都是一个个鲜活、美好的生命，宁可少拿项目，也要把学生培养好"。

每年 9 月开学和研究生第一次见面时，闫永胜往往会问学生两个

问题：“你与国内外顶尖大学的学生相比有什么区别？”“毕业时和他们同时竞争一个岗位，你能行吗？”看到学生摇头，闫永胜却面带微笑、拍拍学生肩膀鼓励道：“思想认识高度决定人的高度。昨天的你并不代表明天的你，只要自身努力，一切皆有可能！”

在闫永胜看来，教育是一项触及灵魂的工作，导师是研究生这一青年群体思政教育的首要责任人，“把学生的思想工作做通了，所有的成长问题也就迎刃而解了”。

科研选题的迷茫、实验失败的焦虑、毕业答辩的紧张、择业创业的纠结……研究生成长过程中总会遇到各种问题，闫永胜坚持每天轮流和学生谈话沟通。“现在很多学生正是因为目标不够清晰，找不到奋斗方向，才选择‘躺平’。”闫永胜告诉学生，要想人生出彩，需要树立三个层次的目标：人生远大理想，即人生价值与中国梦有机结合；生活小目标，即安家立业，奋斗赢得美好生活；学习生涯目标，即要过思想关、人文关和学术关。

“建明，你想不想成为领域专家，业内一提到分子辨识分离就能想到你？”“老师，这太难了，我只想发几篇好文章、找个好工作！”学生潘建明在博士入学后，展现出科研“好苗子”的潜质。闫永胜鼓励他树立远大的人生目标，放眼大局，为我国科学事业做出贡献。

之后，闫永胜经常带着潘建明参加国内外学术会议、做学术报告，不仅“点燃”了潘建明的学术热情，还激起他投身科研、勇攀高峰的斗志。自留校任教以来，短短数年，潘建明便成长为国家优秀青年科学基金获得者、江苏大学二级教授，近年来主持国家自然科学基金项目 6 项，以第一作者身份发表 SCI 论文 150 余篇。

闫永胜每天早晨 8 点到办公室，晚上 11 点离开，下班前还要到实验室挨个看一眼。一次，闫永胜做完结肠手术，麻药劲儿刚过就返回办公室继续工作。同事劝说他多休息，他说：“有我在办公室，只要亮着灯，学生们心里就有底。”

闫永胜认为，评价导师水平关键看学生培养质量。他累计为国家培养优秀研究生 100 余名，其中包括国家“杰青”2 人、国家“优青”3 人、省“杰青”1 人、省“优青”1 人、省“双创”人才 5 人等，60 余人成长为教授、副教授，真正践行了“教育的艺术不在于传授本领，而在于激励、唤醒、鼓舞”的教育理念。

“研究生成长过程是系统科学指导下的体系化过程。”闫永胜说。在经年累月的实践中，他逐渐探索出“四位一体”的研究生培养模式，即以目标培养和过程管理为主线，以人文教育和思政工作为两翼，加强研究生的政治思想和社会责任感，提升业务能力和人文修养。

近年来，闫永胜还被聘为国家教育行政学院特聘专家，奔走于 10 余所理工科高校间，推广研究生培养模式，分享经验，传递教育理念，惠及万余名学生。

“教师这一职业，可以分为三重境界。”闫永胜说。第一层境界是将教师职业作为谋生手段，完成最基本的教学任务；第二层是将教师提升至师长层面，不仅传授专业知识和技术，同时想学生之所想，急学生之所急，即为道德境界；第三层是将教师职业升华为个人事业追求，从传授知识、教授学业、解答疑惑转变为思想引领、价值引领、创新引领，即“无我”境界。“以无我之状态，得天下英才教育之，此为师者之乐也！”闫永胜说。

杰出贡献奖，向他致敬

他为我国半个世纪以来产量最大、用途最广、创汇最多的涡流室式柴油机的研发做出了开创性贡献，“低油耗、低污染、低爆压涡流燃烧系统”打破了英、苏、日等国的技术垄断，减轻了千万农民的劳动强度，为我国内燃机事业、“三农”事业的发展做出了卓越贡献。

这是2023年度中国工程热物理学会燃烧学分会“杰出贡献奖”颁奖仪式上，组委会给予我校能源与动力工程学院退休教师李德桃教授的颁奖词。

燃烧学杰出贡献奖是中国工程热物理学会燃烧学分会设立的最高奖项，用以表彰在我国燃烧科学领域做出高影响力学术贡献、对国家燃烧科学及学会发展有独特或重大贡献的资深学者。该奖项全国每年评选 1 ～ 2 名学者。

1956 年，李德桃从吉林工业大学内燃机专业毕业后留校任教，1959 年担任我国著名内燃机、排灌机械专家戴桂蕊教授的主要科教助手，参与了国家重大项目内燃水泵的研究和全国首个排灌机械专业的创办。1962 年，他随专业调至镇江农业机械学院（江苏大学前身），1979 年被国家公派到罗马尼亚蒂米什瓦拉工学院学习，1982 年获博士学位后回国，组建获机械工业部审批的工程热物理研究室，任主任。

择一事终一生，执着专注；干一行专一行，精益求精。李德桃一生致力于内燃机燃烧领域的科教工作，尤其在涡流室式柴油机燃烧研究方向做出了开创性的贡献。

涡流室式柴油机是我国半个世纪内产量最大、用途最广、创汇最多的内燃机主流产品。李德桃针对关键核心问题开展了大量基础理论和试验研究，出版了 5 部专著，发表学术论文约 220 篇，构筑了涡流室式柴油机燃烧及冷起动过程理论体系，研制成功具有独立知识产权的低油耗、低污染、低爆压（低噪声）的涡流室式柴油机燃烧系统，结束了国内外 30 多年来关于涡流室式柴油机冷起动机理的争论，将冷起动最低温度降低 8 ～ 12 ℃，减轻了千万农民的劳动强度，促进了“三农”发展。

李德桃首次把国产柴油机转速从2000转/分提高到3000转/分，使S195型柴油机由12马力提高到18马力，NO_x降低20%，燃油耗和碳烟排放等指标达到当时国际先进水平，直接推广应用于30余家企业，节约燃油耗5～16克/（马力·小时），总节油量粗估上亿吨。他荣获国家发明奖、全国机械工业大会先进个人奖和省部级奖共12项。

李德桃在发表获奖感言时说，感谢党、祖国和人民的培养，他生于农村、长于农村，祖辈三代务农，自己有地道的“三农”基因和情怀，“我所有的农活儿都干过，深知农民的苦、农民的累，从小就希望长大后能为减轻农民劳苦做点什么”。“改善柴油机低温下的非稳态的燃烧过程，是我们半个世纪以来奋力拼搏、努力研究并解决的课题。”李德桃表示，团队将始终坚持“服务于国家需求，服务于人民需要”的宗旨，不懈努力，攻克科研技术难题，将研究成果服务于“三农”，助力国家农业现代化发展。

一事专注，此为动人！一生坚守，便是深邃！致敬李德桃教授！

“裸捐”助学的“爱心老人”

江苏大学档案馆馆藏的实物档案中，“全国道德模范提名奖”“江苏省道德模范”等实物档案，记录了一个生前克勤克俭却一次性捐助50万元设立“爱生助学金”，逝后捐出遗体和全部近60万元存款的“爱心老人”——邵仲义的感人事迹。

2007年，江苏大学退休教工邵仲义收到了海外寄来的一笔7万美元的巨款。这是远在加拿大的表哥汇来的报恩款。战乱时期，邵仲义母亲拿出陪嫁的一枚戒指资助其表哥赴香港谋生。感恩于邵仲义母亲的恩情，表哥汇给邵仲义兄弟姐妹每人7万美元。当时，邵仲义生活并不富裕，可以用这笔报恩款很好地改善生活，但他却一分未留，全部捐出来用于资助贫困大学生。这是当时江苏大学收到的金额最大的一笔以个人名义设立的助学金，资助了200多名贫困大学生。

邵仲义还一再要求不透露自己的名字，“把报恩款用在学生身上，是我最大的欣慰，我不图学生的任何回报，唯一的期望就是他们学有所成，将来能够回报社会和他人”，所以助学金名称定为“爱生助学金”。

邵仲义心中充满了对教育事业的热爱和贫困学生成长的关切。他生前有两个愿望，一是把遗体捐献给镇江红十字会，二是把所有存款捐给江苏大学贫困学生。由于严重的高血压并发症，邵仲义身体每况愈下，腿脚疼痛得无法下楼行走。或许是感觉状态不好，他在离世前一个多星期，委托学校帮忙办理捐献遗体的手续，时任退管处处长汤静霞是他的执行人。汤静霞说，给邵老送协议书的时候，他已经早早把章准备好放在了桌上，看到协议书他很高兴，说自己年岁大了还能贡献最后一份力量。

2013 年 3 月 28 日邵仲义因病在家中去世，其遗体捐献给镇江市红十字会。3 月 30 日，邵仲义的家人从银行取出了邵仲义的全部存款，加上学校拨给的 4 万多元丧葬费，总计近 60 万元，全部交给了学校，他的家人表示：“这是邵仲义的决定，我们全家都支持他。”邵仲义资助贫困生的费用累计超过 110 万元，离世时身上仅剩 24.1 元。

邵仲义一生未婚，生活朴素，一直租用单位 58 平方米的公房。其实他完全有能力在学校买套面积大点的福利房，可他总固执地说：“房子够住就行，买房子的钱用在学生身上更值。”在邵仲义家中，橱柜上崭新的被子舍不得拆开来用，空空如也的冰箱里只摆放着腌豇豆，放衣服的箱子还是邵仲义的母亲留下的，厨房里摆放的热水瓶外壳已经布满锈迹。

生活中一切从俭，邵仲义对学生却非常大方。他无儿无女，把学生视为子女。从 20 世纪 80 年代，邵仲义就开始默默地帮助贫困大学生，他行事低调，对自己的善行从不言说。直至他去世后，陆续有人前来吊唁，方才更多地了解了他的助学点滴。

“爱心老人”邵仲义的善举受到了媒体的广泛关注，报纸、电视、网络等媒体纷纷报道。江苏省委宣传部将邵仲义确立推选为江苏省 4 个“最美基层干部”先进典型之一向全社会宣传推广。邵仲义被评选为“第四届江苏省助人为乐模范”，获第四届“全国道德模范提名奖”。2014 年 12 月，首届“江大之梦”微电影节上，以邵仲义事迹为原型的微电影《背面》上映，艺术地再现了邵仲义大爱大善的高尚品质。

微电影《背面》

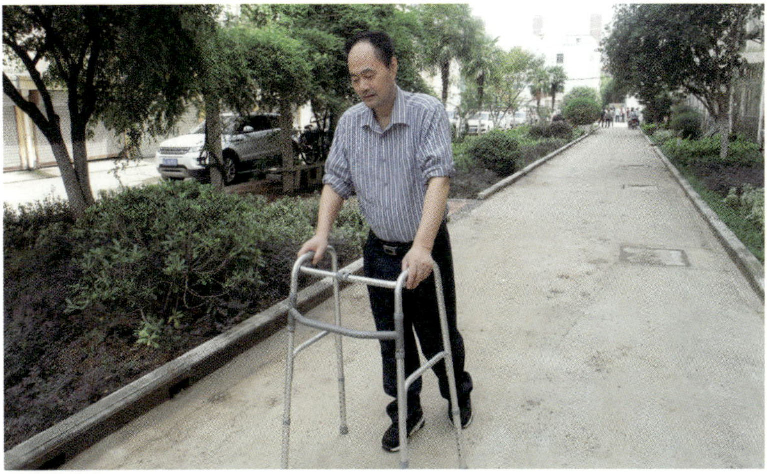

课堂就是他的灵丹妙药

估摸着要到安排重修课的时间了，邓志丹按捺不住，给系主任发了条短信，“身体已基本恢复，可以给我安排上重修课了”。

邓志丹是江苏大学原理学院的一名“50后”老师。2013年，一场车祸导致其脊椎受伤，医生劝告他出院后必须卧床，没想到第三天他就在五六个人的搀扶下走上了讲台。这位普通教师有着什么样的课堂情结？又为什么如此拼命？

10 分钟路程，要花 60 分钟

2017 年 6 月，结束一学期的课后，邓志丹有点绝望，腿疼得不能落地，一站起来就钻心地疼。

邓志丹瞒着爱人、学生身体的异样，结束所有教学工作后，躺在床上感受着那种难以言说的痛，他悲观地想："完蛋了，以后可能再也没法上课了。"

这样的状况，几乎每个学期都会重演。爱人何秀华说，课堂就是邓志丹的"灵丹妙药"，上课的时候没有过不舒服，课一结束病痛就都来了。

2013 年遭遇车祸，邓志丹下肢失去知觉、瘫痪在床，手术后可以行走了，但从此离不开助步器，行动极为缓慢。

为了方便上课，邓志丹的课都安排在离家最近的教学楼一楼。正常人七八分钟就能到达的路程，邓志丹却要花一个小时，甚至更长时间。

由于身体僵直无法弯曲，邓志丹走路就像蜗牛一样，一点点往前挪动。很多在三江楼上课的学生都看到过这样的一幕，一位教师慢吞吞地移动着助步器，靠着双手支撑的力量，拖动着腿一次挪动十来公分。

早晨 8 点的课，邓志丹 6 点 45 分就得出门，从家到教室的路上，6 节没有扶手的楼梯是邓志丹出行的最大障碍。有课时，爱人会把他送过楼梯，下课了，热心的学生会把邓志丹送回家。

看到邓志丹，很多人无法相信他还在坚持上课，领导的照顾也被他多次婉拒。

车祸手术那年，爱人何秀华劝他“把身体养养好，明年再上课”。邓志丹淡淡地回答：“不搭界的，明年是明年的课。”那一年，他完成了全年工作量，这样执着的举动让何秀华又是生气又是无奈，“老邓是真的离不开讲台”。

高等数学、信息技术概论、计算机安全技术、现代密码学……这些都是邓志丹教了多年的课了，只是上课对他来说，变得有点艰难：站着上两节课，腿又疼又麻，歇上好一会儿才能离开教室；批改作业，要侧躺在床上来完成，别人花一个小时能改完的作业，他得多花出一倍的时间。

这样的身体状况，多年来，邓志丹愣是没有调换过一次课，没有迟到过。“上课是件神圣的事，只要天上不下刀子，都不能因为自己的原因耽误学生的一堂课。”邓志丹笑着说。

教学工作乐趣无穷

“他是位好老师，教学从来不是为了考试。”“邓老师教给我们的绝不仅仅是高数知识，还有如何做人。”学生对邓志丹的评价都很一致。

课堂上，为了弥补自己行动不便、板书少的缺憾，邓志丹给每个班都开设了QQ群用于答疑，学生在群里提出的问题，无论多晚邓志丹都会予以解答。

邓志丹还喜欢和学生“套近乎”，任课班里有三名维吾尔族学生，他就向学生学起了简单的维吾尔语“你好”“再见”“请回答”。已经毕业的维吾尔族学生艾力江感动地说：“我们师生就像父亲和儿子一样。”

很多学生逢年过节都会发来祝福短信，大家都忘不了邓志丹在课堂中告诉他们的“数学之美”：“其实，数学是很美的。一个问题讨论完了，必定会讨论它的逆问题。另外，它总是教我们如何合理地‘偷懒’，能两步完成的问题，绝不走三步；当然，需要两步解决的问题，你想一步完成也不可能。”

只要是邓志丹教的班，学生的课堂出勤率和学习风气都有明显的改变，很多学生一见邓老师来上课，都争着给他擦黑板、播放课件等。

看到同事工作量大，邓志丹主动承担了毕业生指导工作，一般教师带 2 个毕业生，他带了 5 个。有人劝他少干点，他说，得对得起自己领的这份工资。

仔细回想起来，邓志丹觉得工作之初家人送给他的一句话非常重要，那是 1965 年上映的一部电影《舞台姐妹》里的名言，叫“认认真真唱戏，清清白白做人”。当时，邓志丹就给自己确立了目标，这辈子要勤勤恳恳教书，清清白白做人。

邓志丹说：“只要身体允许，只要讲台需要，我会坚持到退休那一天。”

“50 万元，我们的心意！”

“值此庆祝中国共产党成立 100 周年的光辉时刻，为了表达我们对亲爱的党的感恩之情，我们决定设立‘两个共产党员奖学基金’……”

在庆祝建党百年之际，江苏大学党委收到一封署名“两个共产党员”的信件，写信人捐款 50 万元，在学校设立“两个共产党员奖学基金”，用以奖励优秀学生成长成才。

在信中，捐款人写道：“我们怀着十分激动和喜悦的心情迎接伟大的中国共产党的百年华诞，这是我们此生最值得铭记的幸福时刻……我们深深地热爱中国共产党，我们也十分热爱见证我们成长也是我们为之服务一生的学校。”

从 2011 年至 2021 年，这两名老共产党员已匿名向学校捐款多笔，共计 25 万元。在中国共产党成立一百周年的特殊时刻，为了表达自己的感恩之情，他们决定再一次性捐款 25 万元，设立“两个共产党员奖学基金”，奖励学校优秀学生，帮助他们更好地成长成才。

在信中，捐款人记录下了自己在党的教育和培养下逐渐成长的过程：“先后加入了党组织，成为光荣的中国共产党党员，从此我们决心把一切献给伟大的共产主义事业。”“由于党的教育事业的需要，我们终身从事教育工作，为培养社会主义事业建设者和接班人贡献了

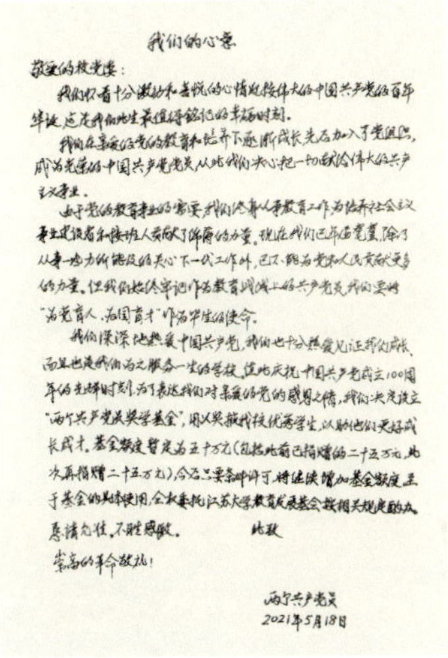

我们的心意

敬爱的校党委：

我们怀着十分激动和喜悦的心情迎接伟大的中国共产党的百年华诞，这是我们此生最值得铭记的幸福时刻。

我们在亲爱的党的教育和培养下逐渐成长，先后加入了党组织，成为光荣的中国共产党党员，从此我们决心把一切献给伟大的共产主义事业。

由于党的教育事业的需要，我们终身从事教育工作，为培养社会主义事业建设者和接班人贡献了绵薄的力量。现在我们已年届耄耋，除了从事一些力所能及的关心下一代工作外，已不能为党和人民贡献更多的力量。但我们始终牢记作为教育战线上的共产党员，我们要将“为党育人、为国育才”作为毕生的使命。

我们深深地热爱中国共产党，我们也十分热爱见证我们成长、而且也是我们为之服务一生的学校。值此庆祝中国共产党成立100周年的光辉时刻，为了表达我们对亲爱的党的感恩之情，我们决定设立“两个共产党员奖学基金”，用以奖掖我校优秀学生，以助他们更好成长成才。基金额度暂定为五十万元（包括此前已捐赠的二十五万元，此次再捐赠二十五万元），今后只要条件许可，将继续增加基金额度。至于基金的具体使用，全权委托江苏大学教育发展基金会按相关规定办。恳请允准，不胜感激。

此致

崇高的革命敬礼！

两个共产党员

2021年5月18日

绵薄的力量。”

“现在我们已经年届耄耋，除了从事一些力所能及的关心下一代工作外，已经不能为党和人民贡献更多的力量，”尽管如此，两名共产党员表示，“我们始终牢记作为教育战线上的共产党员，我们要将‘为党育人、为国育才’作为毕生的使命。”

“两个共产党员奖学基金”主要用于资助学校成绩优秀的家庭经济困难学生，并对江苏大学菁英学院学生进行专项资助。

这两名共产党员也在信件中表示，基金的具体使用，全权委托江苏大学教育发展基金按照相关规定办。他们说：“今后只要条件许可，将继续增加基金额度。”

初心不改、矢志不渝，为“两个共产党员”点赞！

第五篇章

青春的模样

当数字的洪流裹挟着时代的焦虑奔涌向前，总有些年轻的身影选择逆流而上，在时光的褶皱里镌刻下青春的印记。他们不是热搜榜单上的流量符号，而是在校园土壤中播种星光的耕作者，在各自的经纬线上交织成夜空中最壮阔的银河。

深夜电脑前的一方天地，那个直博北大的青年敲下一排排代码；实验室里，年轻的身影历经一波三折，终让中国空间站承载着他们的心血翱翔寰宇；“用不长的时间，做终生难忘的事”，支教青年用自己的实际行动，点亮孩子们眼眸中的光；采血室里，帅气小伙用细胞密码完成了一次生命的续写，让两个陌生人的心跳产生如量子纠缠般的共振……

每一代青年都在回答属于他们的命题。在他们身上，我们看到了责任与担当，看到了追求与坚持，看到了青春最美的样子。他们用行动告诉我们：青春不是单纯的年华，而是一种态度；理想不是遥不可及的梦，而是脚踏实地的追求；奋斗不是个人的选择，而是一代人的责任。

与“梦天”共圆梦

2022年10月31日，搭载梦天实验舱的长征五号B遥四运载火箭，在文昌航天发射场成功发射。在与核心舱成功对接后，梦天实验舱与天和核心舱、问天实验舱形成“T”字基本构型，标志着中国空间站“天宫”完成在轨建造。

作为空间站实验舱，梦天舱内安装了多台科学实验机柜，便于航天员在轨开展各项科学实验。其中的燃烧科学实验柜闪烁着江大人的智慧和力量——江苏大学2022届硕士毕业生、“吴仲华班”首届硕士生何丽芳和方钰参与研发的这套实验系统，随梦天舱一起，翱翔于星辰大海之中。

2020年，江苏大学与中国科学院工程热物理研究所共同创办的“吴仲华班”正式开班，何丽芳、方钰在内的近20名研究生成功入选，进入中国科学院工程热物理研究所进行为期2年的联合培养。

进入研究所前，关于航天、关于燃烧，他们几乎一无所知。随着对空间站燃烧科学实验系统认知的加深，他们渐渐融入了团队，也体会到基础科研和国家工程项目之间的巨大差别。

燃烧科学实验系统是梦天舱内的一台重要科学实验载荷，其系统复杂，研发技术难度大，可靠性和安全性要求高。何丽芳和方钰接到

何丽芳　　　　方钰

的第一项任务便是通过试验验证燃烧室的密封、保压和耐压性能。而他们在试验中遇到的爆炸、漏水等问题，也让试验过程一波三折。

在参与项目的两年里，到机械加工厂盯产、到外协单位沟通、到实验基地参与 24 小时轮值试验、到总体单位参加系统人机功效学评价……何丽芳、方钰经常出差加班，两年没有回家过年。

2022 年 6 月，两人从江苏大学硕士毕业，何丽芳留在中国科学院工程热物理研究所工作，方钰选择在研究所读博深造。“科研的道路是艰辛的，但未来回想起这些珍贵的经历，肯定会被自己的拼搏与努力感动。”他们坚定地说。

从“花脸猫”到哈佛追梦人

他是孤儿，3 次参加高考终成全县文科第一名；半边面部严重烧伤，却是学校的金牌主持；打工挣钱上学，一天伙食费只有 10 元，却自学了 5 门外语；他的梦想是去海外留学，并成功前往美国哈佛大学深造……江苏大学对外汉语专业 2012 级学生张志勇坚信：“虽然面对了太多的苦难，但是我的梦想从来不曾卑微过。”

与命运抗争，孤儿成为高考全县文科第一名

1992 年，张志勇出生在甘肃一个普通的农村家庭。在他刚满 7 个月的时候，母亲出门干农活，将他独自一人留在家中，没想到家中失火，小志勇面部被严重烧伤，左脸颊留下了一块永久的伤疤。张志勇读三年级时，父母举家搬到了宁夏回族自治区银川市贺兰县。农村孩子初来乍到，加上面部的伤疤，每天小志勇都要忍受同学们“花脸猫”的嘲弄。13 岁那年，他的父母在一场车祸中不幸丧生，张志勇成了孤儿。一位烧烤店的老板收留了他，但前提是要帮店里干活。

“我要到更广阔的天地中去，为了自己的青春梦想奋斗。”第一年高考，他就取得了全县文科第五名的好成绩，然而校方告知，报考省外高校的考生，户口必须和父母在一起，没有监护人必须再等两年。

这一打击让他一度崩溃。

尽管命运多舛，但他发誓要与一切苦难作斗争。2012 年，他毅然参加了第三次高考，并以全县文科第一名的成绩考入江苏大学对外汉语专业。

金牌主持，台下一年要打 13 份工

“当聚光灯开始交错时，所有的目光聚焦在我身上，我引导着整台晚会，因为我是舞台中央的主持人。”张志勇是江苏大学的金牌主持，迎新、毕业生晚会等大型活动都有他活跃的身影。可是，没有人知道，台上华丽亮相的背后，张志勇付出了多少。

从大一起，张志勇就主动承包了宿舍扫地、拖地、洗厕所、清阳台、打热水之类的活儿。晚上 9 点以后，等着他的是手撕海报和检查违章电器使用情况两份勤工助学工作。11 点熄灯之前，他匆匆赶回宿舍，简单洗漱后开启夜间学习模式。周末，他会选择主持一些社会活动挣学费，最多的时候一天要赶 4 个场子。大一一年，他做了 9 份校外兼职、4 份校内勤工助学工作。

对于张志勇来说，每份工作都有不同的收获，“在饭店里端盘子，面对每一个对我上菜表示感谢的顾客，我内心都会充满欣喜”。

自学5门外语，梦想去海外留学

张志勇的英语高考成绩只有60分，为了攻克英语关，他早晨5点半疯狂地大声背英语；在街头，看到外国游客就上前跟他们交流。张志勇还自学了德语、法语、希腊语、日语等多门外语。

忙碌生活的同时，张志勇丝毫没有怠慢学习，他的综合测评位居专业第一，并获得了国家励志奖学金、国家助学金、校学业奖学金一等奖等。

眼界决定境界，张志勇梦想着出国深造。他通过努力，顺利入围了 2014 年江苏高校学生境外学习政府奖学金项目，于当年 7 月赴美国哈佛大学学习企业管理和企业财务。在哈佛的日子里，他白天泡实验室，晚上去中餐馆打工，最终斩获“优秀表现奖”。一位教授惊叹：“你证明了苦难可以转化为智慧！”

从小山村的“花脸猫”到哈佛大学教育学院博士，张志勇用行动诠释着“生命以痛吻我，我却报之以歌”。正如他在自传中写道：“伤疤不是耻辱的印记，而是穿越火线的勋章。”

由张志勇事迹改编的
微电影《青春圆梦》

生命的涅槃

郭丽娜，江苏大学食品与生物工程学院食品质量与安全专业2011级本科生。2013年8月，郭丽娜罹患白血病而休学，2015年9月复学。她学习刻苦、表现优异、执着坚强、敢于追梦，获得校第三届“感动江大”人物提名奖，获评“中国大学生自强之星”。2023年，郭丽娜从江苏大学博士毕业后留校任教，成为一名光荣的人民教师。

病房中与病魔顽强斗争的“战士”

2013年8月底，打算返校的郭丽娜高兴地与妈妈一起购置新学期的用品，在试衣时，她突然发现自己身上莫名地布满了血点。厄运常常在不经意间降临，在内蒙古医科大学附属医院检查后，血液科主任告诉她，她患上了白血病，只能存活两个月。

磨难如骤雨般袭来，骨穿、化疗……郭丽娜常常夜里被疼醒，望着路灯投射到房顶的泛黄灯光，感叹生命的脆弱，一张又一张的病危通知书也记录着她与死神之间的拉锯。“病区里不时有人永远离开了……但是我相信，自己能好，我能挺下去！”郭丽娜一遍遍地安慰自己和家人。

命运眷顾顽强的人，两年过去了，这个与病魔顽强斗争的勇敢战

士坚强地活了下来，打破了医生的预言，创造了生命的奇迹。

逆境下再次华丽起航的“水手”

苦难是人生真正的试金石。与死神的擦肩而过，让郭丽娜更加懂得了人生的意义和价值。学校、学院、老师和同学的爱心接力，让她内心深处坚定了完成学业的信心，触发了她对校园生活的深深眷恋。

在郭丽娜的坚持下，母亲陪她回到了心心念念的江大校园。还处在康复期的身体，经常出现飞蚊症、皮肤炎等排异症状，时时提醒着她病魔尚未远去，但郭丽娜求学的意志战胜了身体的痛苦。她认真完成老师布置的作业、自学落下的课程、向同学请教不会的问题，书香和草药味常常混合在一起，成为她复学生活的调味剂。复学第一学期结束，郭丽娜所有课程全部通过。第二学期，尽管肺部感染，但她学习劲头不减，成绩排到了专业 57 人中的第 15 名。在生命波谲云诡的大海上，这位勇敢的“水手”再次起航！

希冀路上不忘初心矢志攀登的“背包客”

活着，就应该点亮人生。读研深造是埋藏在郭丽娜心底的灯光，几经考虑，郭丽娜选择报考江苏大学的研究生。对她而言，读研不仅仅是一场考试，更是增强本领、感恩母校、回报社会的一颗初心。

长时间的复习让她双眼干燥酸痛，手指也常常被冻得通红僵硬，台灯下的埋头苦学记录了她努力的痕迹。“老师，考研成绩出来了，我的分数是 364 分！” 按捺不住激动的心情，郭丽娜急切地把信息发给了关心自己的老师，满意的分数是她用默默坚持和不懈奋斗浇灌出的花朵。

“珍惜活着的时间，让生命变得更有价值”是郭丽娜对生命的深层感悟，她用坚强和自信展现了生命的可贵和梦想的力量。从无菌仓到实验室，从骨髓移植到传递希望，郭丽娜用自己的行动完成了生命的超越。

无声世界，活出精彩

没有声音的世界里，生命可以因为筑造梦想的堡垒而敲击出无声的音符，可以因为修缮心灵的梯田而响起动听的乐曲。恬静的面庞下一双笑眼，很难让人将这个阳光的女孩与先天性神经性耳聋联系起来。江苏大学艺术学院环境艺术设计2011级本科生唐心怡，双耳失聪，但她始终奉行自己的“方糖主义”，用甜甜一笑，扫去所有的阴霾，成为无数人眼中的“励志女神”。

先天耳聋，她用拼搏与命运抗衡

没有声音的童年是枯燥的，唐心怡的世界里，没有丝毫的风吹草动。为了与残酷的现实抗衡，三岁时，唐心怡就进入特殊学校康复班进行康复训练。“为了识字，我一天到晚模仿着老师的口型，强制自己发音，声带常常发炎，有时甚至发不出一点声音！”

小学时，由于无法获取老师的声音信息，她只能双眼紧盯老师的嘴型，练就了“读唇语”的本领。笔和便签是她学习的必备物品，一下课，她就缠着老师解答课堂的问题。“我不比别人差！”这是唐心怡在观看《千手观音》节目后奉行的信条，“她们的表演太精彩了，没有人会想象到这些舞姿优雅的舞蹈者竟是存在先天缺陷的残疾人”。自那以后，唐心怡时刻提醒自己，要用普通人几倍的努力打造属于自己的光环。中考时，在放弃英语听力和口语的情况下，唐心怡以优异成绩考上了高中。高中三年，一边学习绘画一边学习文化课程，她也曾一度想要放弃，但每当情绪低落之时，“我不比别人差”的信念都会让她重拾信心。凭借着对命运的抗衡，唐心怡成功考入江苏大学。

上课靠看口形，不把缺陷当成借口

“大学里的学习，主要靠自觉和热爱。”唐心怡发自内心地喜爱自己的专业。为了能上好每一节课，她总是第一个进入教室，只为能够坐在第一排，可以更加近距离地接触到老师，能够让原本微弱的声音增大一点点分贝。在每门新课程开课前，唐心怡都会递给任课老师一张纸条，上面清楚地写着自己的情况，请求老师适当地放慢语速，以便自己可以看清老师的口形。

唐心怡的手机上存着每位老师的电话，经常通过短信等方式解决学业上的疑问。“她学习起来其实很吃力，但是通过努力都弥补了回来。” 艺术学院教师华建业对唐心怡充满赞许。

大三是人生的一个重要“关口”，在同学和老师的鼓励下，她经过深思熟虑，决心读研。大三暑假，唐心怡将自己关在狭小的房间中，全心复习英语，两个月下来，她以 5.5 分的雅思成绩从同专业的 67 名学生中脱颖而出，获得唯一的保研资格。

无声的世界依然可以很精彩

虽然平时与朋友“说话”不多，但是唐心怡却有不少好朋友。“她对相机、手机、电脑等比较精通，有很多我们不知道的新产品和软件她都会用，还经常帮我们解答问题。”在同学们的眼中，唐心怡就是一个“百事通”。唐心怡表示：“我凡事都喜欢研究是什么、为什么、怎么做，世界上充满了各种各样的谜团，一旦解开谜团，心里就充满了愉悦感。”她毫不夸张地给自己封了个电子产品“技术控”的称号。

正因为听不到外在的纷纷扰扰，唐心怡做什么事都很专注。除了学习外，唐心怡还热衷摄影、书法、旅游，爱好手工制作、收集文具

等。周末的时候她会和同学一起外出游玩，经常在微博上秀“厨艺”。在唐心怡看来，耳疾已经不是自己的烦恼，“就像近视了戴眼镜一样，耳朵不好就戴助听器呗，我按照正常人过日子就好”。

“大学期间遇到很多的好老师和好同学，她们帮我建立起了生活的信心，吹响了生命的风铃！”唐心怡充满感激，往昔老师一遍一遍放大嗓门讲解的场景，以及同学凑得足够近距离的分享都让她铭记于心。她想象着，有一天以自己的亲身经历去唤醒那些被命运尘封在狭小世界中的人们，也让他们能够勇敢地扬起生活的风帆。

将志愿服务进行到底

“家国所系，我之所行。”徐振霞是江苏大学教师教育学院教育学专业 2017 级硕士研究生。

求学期间，徐振霞获得学业奖学金一等奖、国家励志奖学金、国家奖学金、校十佳青年学生提名奖，被评为校优秀研究生标兵、2018 年度“中国大学生自强之星”……这一路，她努力成为更好的自己。

2012 年，江苏陶欣伯助学基金会开始在江苏大学设立资助项目，徐振霞有幸成为学校第一批“陶学子”。她给了自己一个青春的约定：受人资助，我是公益的受益者，我更要做公益的传播者！

作为江苏大学伯藜学社活动部首任部长，她多次组织进社区服务空巢老人、进养老院看望孤寡老人等公益活动；积极参加学院青年志愿者协会，为西部募捐活动和“地球一小时”环保活动发声。

面对本科毕业后的选择时，当徐振霞看到《中国青年志愿者第十八届研究生支教团招募通知》的那一刻，她便有了坚定而具体的答案——到西部去，到基层去，到祖国最需要的地方去。凭借出色的表现，她顺利成为江苏大学研究生支教团的一员，前往青海省门源县浩门镇第三初级中学支教一年。在支教点，她先后承担七年级两个班英语、八年级两个班语文的教学工作，并兼任一个班的副班主任。作为一名新手教师，她不仅是听课最多的人，也是听课反思记录本用得最快的人。

功夫不负有心人，徐振霞先后被评为浩门镇第三初级中学先进教育工作者、门源县优秀支教生，她的学生们常对她说："Miss Xu，因为你，我们更喜欢英语课。""徐老师，因为你，语文课变得好有趣。"

生活需要不断积淀，长期从事公益服务的经历让徐振霞比同龄人更多了几分笃定和坚持。研究生期间，她主动报名参加了 2019 年国际志愿者项目，独自一人远赴美国加州安大略市 Victor Valley

College 参加志愿服务。

徐振霞时刻谨记并叮嘱自己要做好每件小事，用实际行动讲好中国故事。在负责 Ram's Bookstore 的行李寄存工作时，即使每天需要工作近 10 个小时、整理近 500 件行李，她也始终保持微笑，为不同肤色、不同国籍的学生提供最耐心和真诚的服务。志愿服务期满后，Ram's Bookstore 的负责人 Deanna 女士不仅赠送了她学校的吉祥物以作纪念，还亲笔赠言“DEAR XU ZHENXIA, THANK YOU FOR YOUR ASSISTANCE”。

2020 年，新冠疫情突如其来，身在家乡的徐振霞希望能为村里做点什么。当得知村里缺少信息录入人员时，她主动报名，协助村委会整理录入全村近 2000 人的基本信息以及出入信息，大大提高了村委会的工作效率。在疫情趋于缓和后，她立刻申请返回学校，主动帮助老师和同学们解决实际生活困难。那段日子，全院研究生都知道，他们有个特别热心的振霞学姐，总是力所能及地服务他人、传递温暖。

2020 年 6 月，时间的指针指向毕业季，徐振霞再次面临人生的重要选择。而她内心的答案依旧清晰而坚定——参加西部计划，将青春的约定践行到底！

0.88 秒的浪漫

心至苍穹外，目尽星河远。我们仰望星空，总能感受到梦想的引力，在我们头顶400千米的高度，中国空间站一次次与我们浪漫邂逅。

2023 年 6 月 9 日 6 时 19 分 57 秒，江苏大学汽车与交通工程学院 2019 级本科生施以恒在江苏省扬中市拍摄到了 0.88 秒中国空间站

凌月的过程。

空间站凌月，是在地球上观测月球时，观测到空间站从月球表面快速掠过的现象。施以恒介绍，中国空间站会一直从我们头顶经过，在天气晴朗的夜晚，太阳光线通过特定的角度照射到人造天体上，空间站就会被我们看到。但拍摄空间站的“特写”，往往需要借助凌日或凌月现象。他这次拍摄到的中国空间站凌月，时间仅有 0.88 秒，而且由于是在白天拍摄，空间站本身也会“发光”。

为了拍摄较为清晰的图像，施以恒使用了 2 倍巴洛镜，将焦距增加到 1500 毫米。但拍摄过程中，最关键的还是天气因素，只有在中国空间站过境的同时，天气晴朗无云、视宁度条件较好时，才有可能看得到空间站的细节。

说起自己的天文摄影追“星”路，施以恒说，2021 年 1 月国际空间站凌日，当时就觉得很惊艳，中国空间站首个舱段——天和核心舱成功发射入轨后，他就忍不住想要记录下中国自己的空间站。拍摄失败过好几次，后来借助更加专业的软件预测，才在 1 月份时高成功率地拍摄到了中国空间站的特写。

星辰大海，永不止步。这是属于中国人的骄傲，也是属于江大人的浪漫。

把宿舍阳台变成花园

“这是亚伯拉罕达比，外号叫鸭脖；这是秋日胭脂，这是胭脂扣……我这里的月季品种，有 30 多种。”医学院 2017 级本科生顾啸在江大上学的两年多时间里，把宿舍阳台变成了绿色花园。3 平方米不到的空间里，他养了 70 多盆花，月季、多肉、风信子……顾啸说，因为爱上养花，医学生的生活也变得丰富了许多。

顾啸的宿舍位于五楼，非封闭式的阳台通风好、光照强，正是养月季的最好场所。顾啸的妈妈非常喜欢养花，正是受妈妈的影响，进入大学后，他陆续从网上和镇江当地花鸟市场购入花苗栽种，慢慢地就成了规模。

浇水、修叶、杀虫、换盆……每天早晨 6 点半左右起床，顾啸会先到阳台逛一圈，给花儿浇浇水。中午放学回到宿舍，第一件事就是去阳台看一眼。

别看顾啸平时话不多，看到花儿开了，他会立刻拍照上传到自己的 QQ 空间。“5 个月了，秋日胭脂终于又开出一朵‘包子’，幸福啊！该给它换大盆了。”“阳台弥漫月季的清新甜香，和两盆肉肉若隐若现的温和香水气味，我醉了……”

顾啸平时不吃零食、不喝饮料，省下的钱就买些花苗。后来，他又迷上嫁接，在网上跟着相关视频学习，没想到尝试嫁接的 52 棵蔷薇苗都成功了，不少网上结识的花友都很佩服他，纷纷问他求赠花苗。

“顾啸很厉害，养什么开什么，感觉阳台的花一年四季都开着。”舍友们都说，顾啸把花当成了自己的孩子，照顾得非常仔细。放暑假的时候，家在无锡的顾啸放心不下，让爸妈开车来学校把阳台一半的花搬回了家，上下楼不知道搬了多少趟。连爱花的顾啸妈妈也直呼儿子少养点。

对顾啸来说，在阳台打理打理花草，就是放松心情的最好方式。期末考试复习压力大的时候，他就喜欢到阳台和花儿说说话，“一个人安安静静地待着，闻着花香、晒晒太阳、看看书，就是岁月静好的感觉”。

70 多盆花把阳台挤得满满当当，幸运的是，舍友们都很支持顾啸养花，说有“赏心悦目”的作用。每当有人要晒被子，顾啸就会提前把花盆转移到集中的一角，移出空间来。大家都开玩笑地说：“不可食无肉，也不可居无植。”

用最热爱的方式丈量祖国

2024 年 7 月 13 日从老家广西贵港出发，途经广西、广东、福建、浙江、江苏 5 省（自治区）27 市，跨越东南丘陵和华东平原，江苏大学电气信息工程学院 2023 级本科生刘强林，于 8 月 30 日到达江大学府路 1 号门。

曾服役于武警新疆总队的刘强林于2023年9月复学并转专业至江苏大学电气工程及其自动化专业，在完成这次历时48天、跨越3119公里的长途骑行后，他表示："我们还年轻，要读万卷书，也要行万里路，我要用我最热爱的方式去丈量我最亲爱的祖国！"

骑行丈量祖国东南海岸线

在广东沿着西江一路向东，在一千公里外用家乡客家话与梅州青旅的"乐儿姐"一家畅聊骑行经历。

在福建漳州东山岛一睹壮丽的海上日出，岛上的骑友送他骑行装备、帮他调试自行车。

在浙江温州与朋友一起登雁荡山，在宁波和高中同学一起city walk……

这趟骑行，刘强林在清远、梅州、汕头、厦门、福州、温州、宁波、舟山、绍兴、杭州、无锡等10余个地市停留、游玩打卡，拍摄照片726张、视频121个。

"一路上，有许多陌生人给我送水，邀请我到家中吃饭，旅途路上的朋友们当我的导游，热情款待我。"刘强林分享说，他品尝了各地的特色美食，参观了途中经过的各个博物馆，拜访了旅途上的名校和名人故居，结交了许多新朋友，拜访了各地的同学，在交流沟通中了解到当地的风土人情。

露营、做饭、修车……一天最多骑行120公里

谈及骑行经历，刘强林坦言，2023年4月至6月，他从广西老家骑着自行车去了西藏拉萨，全程3908公里，途中经过广西、贵州、重庆、四川、西藏，积累了户外露营、骑行的经验。

“现在我30分钟就能做出一道拿手好菜，煲个靓汤也不在话下。”骑行返校这一路，刘强林在村委会大院、海边草坪、加油站车友之家和公园搭过帐篷、做过饭，也在派出所门前、桥洞里、老乡屋檐下躲过雨、歇过脚，还在路边挖过野竹笋，摘过龙眼、番石榴等野果子。

三伏天炙热的高温险些让刘强林中暑，后来他选择早晨和傍晚骑车，中午在阴凉的地方休息，最远的一天骑了120公里。“晚上露营的时候地面烫得我无法入睡，后来买了个吊床才睡得舒服点。”刘强林说。

爆胎四次，辐条断了两根，车圈裂了一条……刘强林一路上也遇到了不少困难。

“爆胎我还会补，但是车轮辐条断了，我不会修，修车店师傅也嫌麻烦不愿意修。”因为台风“格美”和修车的缘故，刘强林被迫在广东梅州停留了4天。

迫不得已，刘强林运用在校学到的工程制图知识，网购了自行车维修零部件，跟着网络视频自己动手修车、保养车，“后来对自行车结构越来越熟悉，感觉自己都出师了”。

成长，从走出舒适区开始

“做困难事，必有所得。”“要敢于做自己没有做过的事。”“不但要学有字之书，而且要学无字之书。”国防大学金一南教授在《我们的时代，我们的奋斗》演讲中的这几句话，在刘强林心中种下了“读万卷书，行万里路”的种子。

2021 年 3 月，刘强林应征入伍，跳出学校的舒适圈，到武警新疆总队服役。体能差，他就比别人多练；被子叠不好，他就比别人早起来叠；训练不行，他就休息时继续练。在部队期间，刘强林因为综合表现优异，被评为“四有”优秀士兵 1 次、记嘉奖 1 次。

2023 年 9 月，阔别校园两年多的刘强林复学返校，学习时他常常感到吃力。“当兵和骑行的经历告诉我，没有什么困难是不能克服的，除非自己放弃。”在老师和同学的帮助下，刘强林顺利通过了大一课程。

“骑行与学习很像，过程中肯定有各种难处，但只要坚持下去就会收获满满。”新学期报到后，刘强林表示，会更加珍惜时间，努力学好专业知识，同时坚持锻炼身体。

被哈佛录取的“英语大神”

他被称作英语系的“大神”，同时还自学了德语、法语、希腊语、拉丁语、日语等5种语言；满分120分的托福考了113分；大学期间先后在镇江、宁波的新东方学校任教，还出版了个人哲学专著《发言者》……江苏大学外国语学院2010级本科生周振宇，被同学们称为“大神”一般的存在。2014年3月，他得到消息，递交的哈佛大学入学申请已经通过，自己被录取了。

学六门外语大二就当“讲师”

来自南通的周振宇从小就对语言很感兴趣，高中时英语特长便崭露头角。大学期间，周振宇的专业是英语，第二外语是日语，此外，他还自学了德语、法语、希腊语和拉丁语，“比较流利的是德语和法语，其他几种能

看懂”。

周振宇说，在别人的眼中，自己算是有语言天赋的，但他自认为只是比别人多了份坚持，“有人会觉得，学习语言种类太多会打架，其实在我看来，不管什么语言都有一套自己的规律，掌握了这套规律，就可以融会贯通了”。

极强的语言能力让周振宇拥有了超越同龄人的自信。大二时，他获得了镇江新东方讲师的工作。大三暑假，他独自一人前往北京，应聘一家知名教育机构的讲师一职。当时，与他同台竞争的有不少名校学生，甚至有美国宾夕法尼亚大学的研究生。但最终，周振宇靠着丰富的讲课经验和扎实的语言功底，成功获得了宝贵的工作机会。

要做一名有态度的“90后”

“要做有态度的‘90后’”，这是周振宇的个人哲学专著《发言者》中的一句话。除了是“英语大神”，在江大校内，周振宇还以“思考者”闻名。热爱思考的他很早就阅读了尼采、叔本华等人的哲学专著，并形成了自己的见解。2012年底，《发言者》出版，引起了不小的轰动。

进入大四，周振宇开始思考自己的人生规划，虽然收到了不少offer，其中不乏上市公司教育经理这样的高薪职位，但他都拒绝了。周振宇表示，希望走一条学术之路，“读研，要读就读一个最好的”。考虑到国内的研究生都是统一考试，凭分数说话，自己丰富的社会经历无法发挥作用，他便把目光投向了国外。

谈起自己被哈佛录取的事，周振宇显得很淡定。2014 年 3 月 8 日他从哈佛大学的官方网站上查到录取消息，“因为我的申请材料很扎实，所以查到的时候，兴奋肯定是有的，但也没有特别吃惊”。

周振宇口中的“申请材料”，包括本科成绩单、三份推荐信和一份个人自我陈述。这些材料见证了他的成长，也是他在与全世界为数众多的申请者激烈 PK 中得以脱颖而出的资本。

奔赴“生命之约”

2024 年 6 月 14 日，在南京明基医院血液科病房，一场生命的接力正在上演。江苏大学药学院中药学专业 2023 级硕士研究生蒋文昭成功捐献造血干细胞，挽救了一名陌生血液病患者的生命，成为学校第 3 例、镇江市第 122 例、江苏省第 1393 例、全国第 17763 例造血干细胞捐献者。

激动→配合→紧张→等待

“3 月 22 日，一个湖北江汉的电话打给了我，说我匹配上了一名白血病患者，问我愿不愿意捐献造血干细胞。”蒋文昭第一时间表示“非常乐意”，并告知对方自己正在镇江上学，相关信息还要转到江苏来。

因为身边有两位好友接到过初配成功的电话，但由于非血缘关系的供需者之间配型相合率极低，二人均未能成功捐献。蒋文昭认为自己也许会像他们一样，所以并没有将这条信息第一时间告诉家人和同学。

“没想到，4 月中旬，江苏省骨髓库和镇江市红十字会的工作人员接连给我打了电话，再次燃起了我的希望。”在明确了捐献意愿后，蒋文昭很快收到了进行高分辨配型和体检的通知。

第一次体检结果出来，蒋文昭有点心律不齐，体重也较轻。“最难的是增重，我胃口不大，一顿饭吃不下那么多。”蒋文昭开始调整自己的生活作息，合理增加饭量和运动量，调理身体。

在体检全部合格后，学校和镇江市红十字会为蒋文昭举办了捐献欢送会。谁知出发前两天，蒋文昭接到通知，因患者身体原因，捐献暂缓。

得知暂缓捐献，蒋文昭反而有点紧张和害怕，只能耐心等待捐献通知，继续保持好身体状态，希望为患者提供最优质的造血干细胞。

今后会有一个陌生人跟我流着相同的“血”

6月5日，蒋文昭终于等到了继续捐献的通知。6月9日，蒋文昭前往南京明基医院，为捐献造血干细胞做最后的准备。在医院需要注射5天动员剂，早晚各1次打针后，蒋文昭感到骨痛、肌肉酸痛等不适，“这些症状都是正常现象，为了救助病人，我可以克服”。

6月14日7点30分至13点，经过细胞分离机5个半小时的采集，蒋文昭顺利捐出285毫升造血干细胞混悬液。

病房里，药学院的老师为蒋文昭送上祝福鲜花，镇江市红十字会授予他“博爱勋章”和捐献造血干细胞荣誉证书，表达对他的敬意。蒋文昭还收到了患者家属委托志愿者带来的感谢信，感谢他拯救生命，为一个家庭带来重生的机会。

3个月的捐献历程，从初筛到高分辨的确认，从体检到暂缓捐献，再到造血干细胞成功采集，只为给一位陌生人送去生的希望。一路走来，蒋文昭感慨：“特别感谢家人的理解与支持，感谢学校的关心和志愿者的悉心照顾，希望患者战胜病魔，今后会有一个陌生人跟我流着相同的‘血’。”

江大国脚，铿锵玫瑰

2022年2月6日晚，女足亚洲杯决赛中，中国女足对阵韩国女足。中国女足姑娘们顽强拼搏，艰难逆转，以3：2战胜韩国女足夺得冠军，铿锵玫瑰再次绽放在亚洲之巅。

中国女足首发阵容中有一位来自江苏大学教师教育学院的姑娘，她就是中场队员姚凌薇。

“决赛已经不仅仅是对我们技战术的考验了，我感觉更是对我们意志品质与拼搏精神的考验。”姚凌薇这样评价对战韩国女足的比赛。

江苏大学体育部教师冯聪评价姚凌薇防守稳健、技术全面，控制范围很大，决赛中中国队最后那个绝杀韩国的进球，就是来自姚凌薇的成功上抢，“姚凌薇心态非常稳，心理素质过硬，不论压力多大，她都能做好自己，非常有大将风范”。

“我是个喜欢竞争的人，不惧怕困难与挑战。”姚凌薇说，自己小时候比较好动，爸爸热爱足球运动，正好小学时有足球项目，就在父亲的影响下踢起了足球。

从省队入选国家队，十多年的足球生涯中，命运也曾和姚凌薇开过不温柔的玩笑。2015 年，19 岁的姚凌薇刚从青年组加入成年组，膝盖旧伤复发，直到无法完成最基本的动作时，她才去了医院。检查的结果是必须做手术，而手术的成功率并不高。

手术恢复期，漫长的康复训练让姚凌薇的内心充满了焦虑和迷茫，看着队员们在场上跑跳，自己只能在一旁做单调的力量训练。“恢复期的煎熬，就像走在一条没有开灯的走廊上，只能靠自己摸着墙壁向前挪，既不知道前面是什么，也看不到尽头在哪里。”姚凌薇感慨道。

医生曾告诫姚凌薇，她的膝盖只能再踢两年球，但是恢复后，姚凌薇还是选择了归队，把足球视为生命的她珍视每一次上场的机会，“我要把每一场比赛都踢到最好”。

在赛场拼搏、为国争光的同时，姚凌薇并没有停下学习的脚步。“不能因为学习落下训练，更不能因为训练而减少学习的时间。”球队白天训练，只有晚上的时间属于自己，除了学习理论知识，姚凌薇还有两项业余爱好——弹尤克里里和画画。

场上是飒爽的铿锵玫瑰，场外是文艺的青春少女。“足球教会了我很多东西，它是一项特别有魅力的运动。”姚凌薇说，足球带给她的不只有技巧和荣誉，还有生活中的处事方法和精神力量。

苦练硬功，直博北大

本科期间综合绩点 4.53，专业排名第一，以第一作者和通讯作者身份发表 SCI 一区及二区论文 4 篇、中文核心论文 1 篇，在审 SCI、SSCI 一区论文 4 篇，获得全国大学生市场调查与分析大赛一等奖、全国大学生能源经济学术创意大赛二等奖等国家级、省级竞赛奖项 5 项，收到北京大学、中国科学院以及中国科学院大学等入营 offer……

这是江苏大学财经学院2019级本科生金顺林大学四年的成绩单。最终，他顺利获得北京大学推免资格，直接攻读博士学位。

直博北大，靠什么？靠拼、靠钻、靠苦、靠勤。一方书桌，充满热爱，金顺林享受着沉浸在研究和思考中的状态。

始于责任，努力不让大家失望

江大四年，金顺林从一窍不通到胸有成竹，从蹒跚学步到收获满满，从“科研小白”蜕变为一名“学术达人”。

大二寒假，他参加了大学生节能减排大赛，团队成员对比赛策略、模型算法一知半解，存在畏难情绪，最后只剩下金顺林在坚持。

他的想法很简单：“我不想辜负王老师对我们的信任。”在指导

老师王为东的指导下，金顺林认真备赛，学习计量和仿真模型，不断精炼报告，最终收获全国大学生节能减排社会实践与科技竞赛三等奖。

源于个人良好的学术表现，以及学校对本科生早进课题、早进实验室、早进团队的支持，金顺林申请加入了王为东的课题组，正式走进学术研究的世界。

“是王老师的肯定，也是课题组的培养，让我逐渐散发光和热，有信心去挖掘自己的潜能。”金顺林用了不到两个月时间就完成了自己的第一篇论文，经过多次修改，成功在 SCI 二区期刊发表。

舟渡学海，用热爱和执着融化科研“坚冰”

没有其他兴趣爱好，喜欢的就是读文献、写论文。金顺林把这种状态定义为“简单”。

“没有课的时候，我就到三江楼。”金顺林的大部分时间都在三江楼财经学院的考研教室度过，流连于专业文献或凝神于电脑数据。他坚持每天挤出固定的时间阅读文献，构思研究思路，敲代码、写论文，一张书桌一台电脑就是他的一方天地。

在参与“人情关系与住宅屋顶光伏推广”课题研究时，为了解决基础数据调查的难题，金顺林利用寒暑假，独自调研了江苏省 13 个地级市、75 个行政村，调研对象超过 3000 人。

历时两年的田野调查让金顺林获得了大量的一手数据，也构建了极具中国特色的复杂理论和实证模型，完成了 10 余万字的调研报告，并在此基础上撰写并发表了 3 篇 SCI 论文。

“热情为他融化了很多障碍，这种热情甚至超过了很多大学教师。”王为东感叹，金顺林对学术研究的热情是他克服困难、自我成长的关键。在推免面试时，北大的面试官也同样被他的精神所打动。

“我希望我的研究想法和方法是最前沿的，只有这样，才能得出最具理论价值的成果。”交谈中，金顺林提到最多的一句话就是“要做最有价值的研究”。手机上订阅了上百个学界相关的公众号，他每天都会查阅公众号推送的学界前沿文章。

目前，金顺林在北京大学继续潜心科研，将目光聚焦于资源与环境经济学研究领域，致力让科研成果走出纸笔，为“双碳”目标和人类可持续发展贡献智慧和力量。

学霸情侣，幸福加倍

他们是同学，是恋人，更是搭档。在江大，有这样一些情侣，他们的爱情与个人的理想相遇时，碰撞出闪耀的火花。他们携手前行，共赴未来，选择成为更好的彼此。

他们是“对手”，更是知音

他们都是专业第一、都保研至“985 工程”院校、都是中共党员、都是班级团支书……张茜和高旭东“竞争”的地方不止于此，就连“出生日期”和“政治生日”也“争”在同月同日。

张茜和高旭东大一时都在材料类专业。大一上学期高旭东排名专业第一、张茜排名专业第二，大一下学期张茜实现了反超。正是这样的竞争让他们关注到了对方。

大二专业分流，高旭东选择了材料科学与工程专业，而张茜选了高分子材料与工程专业，在很多荣誉奖励的竞争中，都有他们两个的身影。

大二评选国家奖学金时，学院只有他们两个符合条件，一对情侣变成了竞争对手。“其实当时气氛是很尴尬的，但是让我感动的是他选择了主动放弃。”张茜回忆说，高旭东非常优秀，绩点也高于自己，

这样的谦让让他们更加信任彼此。

“我原本没有计划发表论文，她的一作论文发表后，也让我萌生了发论文的想法。”在张茜的激励下，高旭东以第一作者成功发表了一篇 SCI 二区论文。

不仅学习优异，作为学院学生科学技术协会部长和青年志愿者协会部长，张茜和高旭东的社会工作能力也非常出色。三年多的时间里，两人组团走进了 20 多个社区，参与了 40 多项志愿者活动，志愿服务时长达 300 小时。

大三刚开始投递夏令营简历时，张茜被拒绝了很多次，既焦虑又不自信。高旭东第一时间安慰她，与她一起分析投递策略，张茜最终收获了厦门大学、中山大学、四川大学、华中科技大学等高校的入营通知。7 月，两个人奔向不同的面试战场，最终都拿到了满意的 offer。

最终，高旭东推免至浙江大学，张茜推免至中山大学。

转专业，他们的双线人生有了交集

2019 年秋季，袁振博在农业电气专业，冯靖淘在医学影像专业，彼此并不相识，但两个人都对医学有着浓厚的兴趣，于是，命运的齿轮开始转动。

经过一年的努力，两人顺利转入临床医学专业。一次外科操作课上，他们被分到同一小组，在一项脾切除的动物实验中，袁振博的沉着冷静，冯靖淘的勇敢果断，给彼此留下了深刻的印象。后来，他们都选择前往昆山医院驻点班见习，在那里，他们有了更多交流的机会，常常相约学习。

2023 年初，考研备考的序幕正式拉开，冯靖淘和袁振博共同制订了全年的复习计划，在假期坚持每日打卡，并定期交流学习过程中的疑问和经验。

“我们一定都会‘上岸’！”袁振博说，填报志愿那段时间，自己犹豫忐忑过，最终互相支持决定报考南京大学和上海交通大学。

去食堂路上的抽背、在自习室外走廊里的讲题、微信里分享的资料……初试分数公布，两人都取得了满意的成绩。准备复试期间，面试前的多次模拟，纠正英语发音、调整站姿表情，他们力求做好每一个细节，并绞尽脑汁地“为难”对方，只为在面试时有最出色的表现。

从南京到上海，从上海到南京，他们彼此陪伴，顺利完成复试。

四月的雨，染绿了江南小城，冯靖淘如愿被上海交大录取，袁振博被南大录取。他们的双线人生在江苏大学有了交集，未来的故事还将继续……

单腿蹚出致富路

2023 年是“新农人”刘欢欢的“丰收年”，在第一季羊肚菌种植中，他带领徐州市铜山区棠张镇的乡亲们实现了产量 5 万斤、产值 2000 万元的突破，也获得了“全国高校毕业生基层就业卓越奖”。

刘欢欢是江苏大学管理学院 2015 届毕业生。2017 年，他返乡创业，从事珍贵食用菌品种的研发、种植和销售，探索出羊肚菌“南菌北种”的种植方法。

童年意外失去左腿，拄拐考取江苏大学

5 岁那年，一场意外改变了刘欢欢的命运。那年夏天，刘欢欢和几个小伙伴下河捉鱼，不慎被一处灌溉水稻的抽水泵的漩涡吸了进去。当被别人发现时，刘欢欢已经失去了意识，经过抢救，刘欢欢捡回一条命，却永远失去了左腿。

上学后的刘欢欢暗暗下定决心，要好好学习，让更多的人认可自己，别人可以做到的，自己也一定能做到。此后，刘欢欢成绩一路领先，高考时以优异成绩考取了江苏大学管理学院物流管理专业。

大学期间，刘欢欢积极自信，先后竞选成为班级团支部书记和学院团委副书记。2015 年毕业时，通过网上投递简历，刘欢欢进入上海一家互联网公司从事互联网信息化工作。在上海工作了两年半后，月薪近万元的刘欢欢决定回家创业。“其实我一直都想着回家创业的，只是时间的问题。到外面学习学习，才能更好地创业。”刘欢欢说。

小试牛刀，羊肚菌收获净利润 1 万多元

棠张镇本身有着蔬菜种植的传统和优势，在大量学习外地先进农业产业经验，又深入调查本地农业条件和生产情况后，刘欢欢决定为

家乡开拓羊肚菌这一难度大但回报高的种植产业。

羊肚菌是一种珍稀的食药兼用菇，虽然市场好，但是人工种植难度大，对环境要求很高，而且这种菌耐寒不耐热，在种植过程中要经常调节光照和温度，温度要恒温控制在 15 ～ 20 ℃。所以刘欢欢白天总是在大棚里转悠，以防一个不小心造成死菇。

2017 年底，刘欢欢在自家大棚腾出一亩地用作羊肚菌试验田，经过几个月的悉心管理，收获羊肚菌 300 多斤，净利润 1 万多元。“小试牛刀”的成功给予刘欢欢更大的信心，“这项产业一定能在家乡的土地上结出丰硕果实”。

回报乡亲，带领村民种植羊肚菌致富

2018 年，刘欢欢把羊肚菌种植面积扩大到了 10 亩。由于腿里有钢钉，刚开始种植时刘欢欢经常在棚内摔倒，第一年光拐杖就摔坏了十多根。功夫不负有心人，经过两年的探索和努力，刘欢欢终于总结出一套适宜在本地种植羊肚菌的方法。2019 年，刘欢欢注册了品牌商标，把产品搬到电商平台上销售，同时作为试点，定期为南京 1 家酒店和本地 5 家餐饮机构供货。

两年间，在刘欢欢的带动下，当地 30 余户农户开始从事羊肚菌种植。“我家原来种小麦和蔬菜，一年下来每亩收益几千元，2019 年在刘欢欢帮助下试种了 1 亩羊肚菌，没想到收获 550 斤，利润近

3 万元。”新庄村村民张佰合欣喜地说。如今，羊肚菌产业已在棠张镇生根发芽，在当地党委、政府、残联、村党支部的支持帮助下，刘欢欢建起占地 20 亩的食用菌菌种研发、试验和示范基地，向周边农户免费提供菌种和技术，确立了“公司 + 合作社 + 农户”产销一体经营模式，与村民们一同致富增收。

第六篇章

此间少年游

三江楼畔的风撩起琅琅书声，西山操场的暮色里夹杂着少年的呐喊，实验室的精密仪器正将星海般的数据谱成科研乐章……

这里的故事从不需要刻意雕琢，梧桐大道的落叶记录着四季的故事。当这份记忆从封存中醒来，时光仿佛倒流，回到了青春开始的新生季。

这里有晨光熹微时图书馆前排起的长龙，有教授板书间飞扬的智慧尘埃；这里有实验室里通宵达旦的数据闪烁，有辩论赛场上思想碰撞的锋芒；这里有食堂窗口飘香的美味佳肴，有定制月饼的惊喜与思念的告白；这里有七彩社团凝聚的种种热爱，有“江大排行榜”歌手的吉他与星空的和鸣；这里有樱花树下定格的笑靥如花，有毕业季梧桐道上含泪的拥抱绵长……

青春，在这里具象成千万种模样，开出最绚烂的花！

《这里》藏着独家回忆

每个人的心里，都有一个此情此景、此时此刻，那是关于青春的诗。而我，刚好可以用音乐，去深情回忆那消失的旧时光。这首歌的创作源于一次再寻常不过的夜晚归途。在日复一日的生活里，力有不逮的事情越来越多，就像这个城市被忽略掉的细节。我无数次驶过高架桥，却从未留意过桥下那默默无闻的铁路道口。那晚突发奇想骑上电驴赴约，却看到了不曾见过的风景。有人希望火车快点过去，而我却是相反的那个，因为那迎面与慢行火车撞个满怀的晚风，特别像记忆里五棵松下温暖的拥抱，那一刻，我忽然就很怀念嘈杂的 19 路和伴我四年穿梭于南京－镇江的绿皮火车。我把这份感触记录在了朋友圈，也拿起纸笔、抱起吉他，用音符将心事谱写成歌。

（邱翔，我校马克思主义学院 2018 级研究生）

《这里》

词/曲：邱翔

演唱：胡煜东

这里有两个季节 冬天夏天
看倾盆大雨 和漫天的飞雪
这里有两个时间 入学毕业
下一个车站 是不是终点
这里有风花雪月 蜜语甜言
在宿舍楼下 舍不得说晚安
这里是学府路上的江苏大学
亲爱的同学 此间的少年
十九路它 来来往往
青春路上 匆匆忙忙
有多少人努力把梦想擦亮
考试前的 慌慌张张
下课后的 熙熙攘攘
宿舍里的谁又在低吟浅唱

歌曲《这里》

我们都一样
时间让我们成长
迎着那道光 影子被拉长
小城叫镇江 一个不大的地方
只是未曾想 把它也爱上
有天我梦见 那路灯下的操场
你轻轻靠着我 一直到天亮

这里有风花雪月 蜜语甜言
在宿舍楼下 舍不得说晚安
这里是学府路上的江苏大学
亲爱的同学 此间的少年
十九路它 来来往往
青春路上 匆匆忙忙
有多少人努力把梦想擦亮
考试前的 慌慌张张
下课后的 熙熙攘攘
宿舍里的谁又在低吟浅唱
我们都一样
时间让我们成长
迎着那道光 影子被拉长
小城叫镇江 一个不大的地方
只是未曾想 把它也爱上
有天我梦见 那路灯下的操场
你轻轻靠着我 一直到天亮
你轻轻对我说 多想到天长

网易云热评：

魔途风：我以为离开了就离开了，也不会怀念，但听到“江苏大学中门到了”，鼻子就酸了。几年的酸甜苦辣，几年的爱情友情。在三山楼放声大哭，在操场边听着广播边跑步，在勤人谷背单词，早起在图书馆门口排队，去梅园看梅花，每天纠结去吃哪个食堂……我们曾并排走过每一条江大的路，现在各奔东西，我依然很想你们。

并不想做谁的太阳了：毕业一年，江大成了说起就会鼻酸的地方，成了想回却提不起勇气回的地方，怕被那些回忆撞倒。可是我真的很想念你们，很想念那里。不曾想过，那些曾经普普通通的每一天，现在都是最美好的回忆。

YAZAWA-NICONI：一开始，我懵懂迷茫地来到江大，却幸运地遇到了很多美好的人啊，遇到了很好的老师，也遇到了青春里那个最好的她。也许冥冥之中自有注定我会从北方来到这座江南小城。一起坐过的 19 路公交车，一起吃过的食堂，一起跑过的操场，这城市承载了我太多太多美好的回忆。

土豆君八：大半夜听得失眠了……多想睡一觉起来发现生活是一

场梦。我还躺在老一区宿舍的小床上，早上的课还要点名，晚上约了朋友去吃火锅，周末社团还有活动……然而，青春被留在了江大。早点睡，明天还要上班，为了梦想。

洛余夕：2014 年新入学的我，固执地认为我到毕业离开的时候，也不会爱上这座又破又小、到处尘土飞扬的“养老城市”。可是时光啊，永远能够打败我，我终究还是爱上了回忆里的这座城市，爱上了那一句——“江苏大学中门，到了”。

大爷不小心喝了 AD 钙：四食堂的三鲜包，五食堂的米线，风华苑的小馄饨，二食堂的锅盖面，挤不上的大白，爬不动的三江楼，排长队的快递超市，走很远的百世汇通，安静的图书馆和馆后最喜欢的小山坡，宿舍楼低头能看见的绿荫，抬头能看到的明月，傻傻的时静时闹的我们……四年，将近了。

江苏

30
大

夜灯下，冰与火的碰撞

江大后街，是藏在城市褶皱里的烟火巷陌，宛如隐匿于城市喧嚣背后的一片世外桃源。

白日里，它很安静，日光慵懒地倚靠在斑驳的墙壁与石板路上，偶有几声鸟鸣打破寂静。街边的店铺大多半掩着门，透着几分闲适与悠然。等到暮色顺着天际延伸，整条街忽然就醒过来了，摇身一变幻化成另一番充满生机的天地。街边的灯一盏接一盏亮起，摊贩此起彼伏的吆喝声、锅铲与铁锅热烈的碰撞声、食客们无拘无束的谈笑声瞬间交织在一起，奏响了热闹非凡的市井交响乐。

在这纷繁的声音中，最撩人心弦的，当属那家老字号火锅鸡店里传来的“咕嘟咕嘟”炖煮声。而隔壁冰爽饮料摊上冰块碰撞时发出的清脆声响，则如珠落玉盘，为这热闹的街巷增添了一抹清凉的韵律，令人心旷神怡。

火锅鸡，无疑是后街江湖里当之无愧的“硬菜”。店家用的是一口古朴厚重的老铜锅，锅底的红油欢快地翻滚着，升腾起的浓郁香气肆意飘散，迅速弥漫在整个小店里。鸡肉被切成大块，饱满厚实，均匀地裹上厚厚的麻辣底料，迫不及待地投身于锅中。在时间与火候的精心雕琢下，鸡肉炖得酥烂入味，每一丝纹理都浸满了香辣醇厚的汤汁。夹起一块，那鲜嫩多汁的鸡肉仿佛在舌尖上跳跃，麻辣的味道瞬间炸开，好似一场激情澎湃的狂欢，热烈而奔放。在这场热辣的狂欢中，冰爽饮料则是当之无愧的“救星”。无论是酸梅汤恰到好处的酸甜，还是柠檬水怡人的清爽，都宛如一阵夏日微风轻拂面庞。当麻辣攻陷整个舌尖，冰爽饮料便如身手矫健的骑士，瞬间出击，迅速抚平灼热，巧妙地让人重新找回味觉的平衡，带来一种奇妙的舒适感。

火锅鸡与冰爽饮料，恰似一对心有灵犀的搭档。一个热烈似火，充满激情；一个清凉如水，宁静平和；一个浓烈醇厚，一个清爽宜人。

吃海鲜
广东
肠粉
致青春一
致我们终将逝去的
广式
肠粉
鸡蛋肠粉 7元
瘦肉肠粉 8元
玉米肠粉 8元
香菇肠粉 8元
鸡肉肠粉 10元
香肠肠粉 10元
老长沙大香肠
三食串
10元30串
秘制
广东
鸡蛋肠粉
瘦肉肠粉
玉米肠粉
香菇肠粉
鸡肉肠粉
香肠肠粉

請上二樓
八爪精灵
撸串吧
梁山聚义，只为撸串!!
铁板鸭肠
10元/30串
八爪精灵

它们用截然不同的方式，共同诠释着生活的多元滋味。火锅鸡的热辣，像极了青春里那股勇往直前的冲动与激情，毫无保留地释放着活力；冰爽饮料的清凉，则似成长过程中不可或缺的冷静与克制，在冲动时给予理智的缓冲。两者相互映衬，构成了后街独有的滋味。

后街的火锅鸡，吃的不仅仅是令人陶醉的味道，更是一种温馨治愈的氛围。踏入小小的店铺，暖黄的灯光轻柔地洒下，店里的桌椅摆放得紧凑而温馨，食客们围炉而坐，热气腾腾的火锅升起的白雾模糊了彼此的面容，却神奇地拉近了心与心的距离。那些关于青春的烦恼、学业的压力，似乎随着这热辣与冰爽的快感，被抛到了九霄云外，只剩当下的满足与快乐。

此刻夜幕下的后街，依旧热闹非凡。岁月在这条充满故事的小街里静静流淌，一届届学生来了又走，如同过客般匆匆。铜锅里永远“咕嘟”作响的麻椒红汤煨着少年们未说完的心事，玻璃杯里沉浮的冰晶封存着些许透明的相思。它们早已不是简单的食物与饮品，而是一种情感的寄托，深深烙印在无数人的青春记忆里。那被岁月熬煮的麻辣鲜香在这烟火巷里持续上演，愿每一个路过的人，都能幸运地找到属于自己的温暖与慰藉。

（本文作者尚雨迪，我校外国语学院 2024 级本科生）

六食堂里的别样滋味

食堂窗口玻璃上“拉一碗”三个字被油烟浸得发亮，像是某种江湖暗号，熟悉这里的人，便知其中玄机。如果时间允许，我一定会在 11:40 之前赶到，这样便不用在一众高个子后面望眼欲穿。阳光总斜

斜照在锃亮的不锈钢取餐台上，让我想起武侠小说里擦拭刀刃的寒光。

酸辣土豆丝是必点的“暗器”。后厨师傅颠勺时总爱把铁锅倾斜，让火焰舔舐着金黄的土豆丝，青红椒在热浪里翻腾如彩绸。辣椒，这个永远不容忽视的主角，赋予我重庆血液中的热情与狂欢。不同于重庆辣椒的直接火力，江南的辣椒因水汽滋养，带着七分炽烈和三分缠绵，味道更为深沉。

椒麻鸡丝亦是一场温柔的“暴动”。鸡腿肉撕得极细，像初春柳枝被风揉碎，花椒油裹着洋葱丝悄然入味，进入嘴里先麻后甜。藤椒的麻意，顺着喉咙蔓延，似一场烟雨，涤荡口腔。我总怀疑这是川渝的花椒，那麻意带着山野的清气，像是把巴蜀的云雾封进了琥珀色的油光里。

我的减脂秘籍就藏在这“红绿江湖”里。半份翡翠色的清炒菜薹要掐着刚断生的火候，一口咬下去便能听见春天破冰的脆响；半份椒麻鸡丝是蛋白质的温柔陷阱，细白纤维里藏着花椒设下的连环阵；三毛钱的糙米饭粒粒都沾着食堂的烟火气，蒸笼揭开时腾起的白雾总让我想起奶奶的脸。通常 10 元就能换来饱餐一顿，不锈钢餐盘盛着卡路里与美味的“天人交战”。好友总说我吃出了米其林摆盘的精髓，其实是钱包见底时的生存智慧在闪光——免费汤水先给胃填些分量，青菜再给口腔一些脆爽，酸辣土豆丝作为第二个被消灭的对象，最后，椒麻鸡丝成了享受蛋白质的完美收官。

窗口的收银机永远唱着欢快的电子音。由于分量足，这个窗口的常客大多是男生。见了我，笑脸盈盈的阿姨看着我圆圆的脸不住地说，“还小呢，长身体的孩子要多补补”，结果打的菜比男生还要稍显丰富些。

那些被作业追赶的深夜，饥肠辘辘时总念着六食堂的灯火。椒麻鸡丝的麻是解忧散，酸辣土豆丝的脆是提神剂，连不锈钢餐盘反射的顶灯光晕，都像撒在疲惫生活里的启明星。

路边的网红餐厅换了一茬又一茬，唯有六食堂的那一角始终飘着花椒香。椒麻鸡丝依然细如柳叶，酸辣土豆丝里的红椒仍旧艳若朝霞，10块钱的午餐依然能吃到太阳穴微微发麻——这种经年不变的妥帖，大概就是校园江湖最珍贵的武功秘籍。那些被辣椒染红的青春，终究和思念的花椒一起，作为记忆的香油滑进胃里，暖了心里。

（本文作者胡雨，我校外国语学院 2024 级本科生）

月圆相约
如期而至

清风诉秋声，月上柳梢头

香气袅袅，桂影团团

每逢中秋佳节

江大版月饼

带着独有的浪漫与诗意

款款步入心田

思念便有了形状

地标的图案，氤氲着母校的温柔
金镶玉的设计，低调又奢华
薄薄的桃山皮里
包裹着酥与怡
亦藏满情与意

博学、求是、明德
映照着江大人
上下求索 努力拼搏
饱含着百廿江大
始终如一的追求与坚持
天涯共此时，无关风月
把酒问青天，千里婵娟

月是江大月
饼是相思信

若思念有味道
想必是桂花落满肩
想必是海棠拂丝弦
想必是盈盈明月下

你我共尝的一枚月饼
寄山河月色
亦念母校春秋

教学楼的“隐形鄙视链”

校园风云录，教学楼们也疯狂。

食堂争霸战，谁能笑到最后？

（一）

主楼笑了。

11:36，讲台上的老师口沫横飞，虽然PPT还没有放到最后一页，但是教室里已经隐隐有了骚动，隐秘又压抑的骚动里带着一丝兴奋。是的，时间快到了，那场战役……终于，要来了。

主楼从不惧怕战役，因为这场仗，他从未输过。

11:40，主楼猛地抓起书包，拍了拍身边还没睡醒的主A楼，和隔壁的食品楼交换了一秒眼神，一同默契地向食堂冲去。

10 秒，20 秒，30 秒……近了，就在眼前……二食堂的狮子头，三食堂的糖醋小排，清真食堂的刀削面，近了……

主楼得意洋洋端着虾糕砂锅坐了下来。

今天的战役他们又赢了，像往常一样。

因为这场仗，他们，没有对手。

11:40 下课的教学楼们向来对抢食堂这件事充满自信。

从距离来讲，在整个江大的教学楼里，最有能力与他们抗衡的便是处于三岔口的汽车能动楼。可是那又怎么样？一张“江苏大学作息时间表”把他们无情地封印在座位上：第四节课，汽车能动楼，11:50 下课。抢食堂这种分秒必争的事情，晚一步都是失败，何况整整 10 分钟之差。

能动楼满眼委屈巴巴：我饿了。

汽车心疼地摸摸他：乖，一会带你去买你爱吃的炒饭。

同样 11:50 下课的讲堂群在远处盯着手表，百无聊赖地转着笔，给三山楼传了张纸条：一会儿去食堂还是后街啊？

三山楼回：后街吧，买个盒饭得了，

你看后排机械楼和材料楼跑鞋都穿起来了，食堂抢不过啊。

京江教学楼微微一笑，悠闲地掏出橡皮骰子，六食堂和美食城，好吃的太多，真决定不了今天吃哪个，不过可惜你们也跑不过来，哎，我自己吃。

三江楼不想说话。

早上匆匆忙忙在一食堂买了早饭，藏在口袋里没揣好，眼睁睁看着纪检的同学把那袋包子收走了，幸好裤兜里还藏了一个鸡蛋。

“就吃了一个鸡蛋！ 12 点才下课！”三江楼在心里咆哮。

主楼的下课铃他早就听见了，三山楼也刚和讲堂群从他前面的中门晃出去，笑嘻嘻问他饿不饿。

你说饿不饿？你说饿不饿！

但是作为大哥怎么能被他们嘲笑，于是云淡风轻地笑一笑：还好。

还好啥呀。东山美食城都被江大附小的“熊孩子”占据了，一食堂的锅盖面估计也早就卖光了。单身狗不想自己去后街，得，今天还是订外卖。

不想说话。

（二）

医技楼抱着一摞书在校园里跑来跑去，路过食品楼的时候被拦下了：你干啥去？晃悠一下午了。医技楼苦不堪言。

食品楼：哦。

医技楼：大哥你这咋这么香呢？

食品楼：香吗？不知道啊，可能因为我这有烤箱吧。

医技楼：不然我在你这看书吧。

食品楼：哦，好啊，你正好在勤人谷看。

医技楼兴冲冲跑到勤人谷坐下，掏出一本《病理生理学》。

（三）

数科在东山操场边默默坐下。

过了一会，环安呼哧呼哧地跑了过来，手里攥着一小把野杏子，递给数科。

数科：哪来的？

环安：在主 A 楼那摘的。

数科：你知不知道学校最近不让摘校园里的花果了？

环安挠了挠头：不知道……

数科：江苏大学信息公告网第三页倒数第四条。

数科：你知道自己错哪了吗？

环安：我不该摘果子……

数科：就这个？你是不是不爱我了？你去主 A 楼干嘛？别的楼比我好看是吗？

环安否认三连：我不是，我没有，你别瞎说啊……

数科抱起《概率统计》气呼呼地走了。

（四）

化工、电气、计算机、研楼围坐在一起。

化工委屈巴巴：我电瓶车在楼下充电又被人拔了，好烦。

计算机按下开机键，帮学妹装系统。

研楼的头深深地埋进了肖秀荣的怀里。

化工委屈巴巴：咱们都这么近，为啥不和我一起

办迎新晚会。

计算机的视听说装完了。

研楼又掏出一本王江涛词汇。

化工委屈巴巴：计算机，你是不是不喜欢我叫你计院，你要是不喜欢我可以改。

计算机：我去三江楼把电脑还给财经，拜拜啦！

研楼：我去打印张宇数学资料，拜拜啦！

化工：……

电气：别哭了行不行？

化工：……

电气：一会儿陪你去机械旁边撸猫好了吧。晚上……晚上来我楼上一起打羽毛球吧。

通宵画稿补觉刚醒的艺术学院站在路边伸了个懒腰，突然皱眉嗅了嗅鼻子：嗯？哪来的一股恋爱的味儿？

（本文作者赵晗，我校外国语学院2013级本科生，文章转自作者“酱油担当”微信公众号）

喵星人驾到：快来看你的课搭子

关键词：“梧桐道禅宗”打盹博士

法桐枝丫编织深绿学位袍

藏于百米梧桐道的绿荫里打盹

爪垫压着未答辩的落叶论文

阳光是答辩委员抛来的金色诘问

鼾声震落三颗悬铃果

他是打盹学终身荣誉教授

关键词：“屋顶艺术家”捣蛋戏魁

你在屋顶看风景

看风景的人在看你

你在寻觅风景的时候

也成了别人眼中的风景

玉带河畔，三山楼前

校园风光尽收眼底

● **关键词：“量子萌兽”神秘星喵**

宿舍楼前出现又消失的毛团
路边草丛传来概率云般的喵呜
你永远不知道转角遇到的
是求撸的软肚皮还是瞬移残影
它们用薛定谔的撒娇诠释《喵星相对论》

● **关键词：“农机殿主”喵圈太后**

爪印覆盖过百廿校园的地基图
斑驳的红墙
是她最爱的猫抓板背景
夕阳为播种机镀上金身
她把燃油味的往事
团成饱含农字情怀的毛球
偶尔睥睨新来的橘白猫
像看一颗未经过春耕考验的种子

关键词：“课堂巡逻员”喵圈学霸

轻盈地跳到课桌上
找个角落趴下
像个毛茸茸的小团
瞅瞅奋笔疾书的同窗
满是好奇和迷茫
尾巴打起拍子的律动
看看黑板上的字行
仿佛也想把知识
装进自己的小脑袋瓜

关键词：“篮板守护者”慵懒哨兵

当球鞋与地面摩擦出蓝调布鲁斯
玳瑁色闪电总在三分线外游走
少年的起跳拓印成猫抓板
尾尖丈量篮板震颤的弧度
他最懂得投篮姿势
运球 箭步 腾空 投球 进筐
哟嚯 是青春呐

● **关键词：“图书馆沉思者”哲学大喵**

看这喵界学霸

眼神锐利又神秘

久居图书馆

时而低头沉思

时而仰望星空

我思故我在

● **关键词：“佛系扫地僧”自在行者**

踩着落叶

检视过四食堂的餐点

尾巴扫过勤人谷的石阶

在考研占座大战中淡定舔爪

艺术学院写生课上最神秘的模特

见图书馆爆满

则转去湖心亭观鱼

唯热爱与赤忱不可辜负

流光溢彩的大学生活里，社团活动是不可或缺的青春体验。始于兴趣，终于热爱，近百支学生社团如星辰般点缀校园，每一处都跳动着青春的脉搏。一群志同道合的人，一起奔跑在理想的路上，低头有坚定的脚步，抬头有清晰的远方。这火热的青春里，唯热爱与赤忱不可辜负！

思想政治类

追求真理，坚定信仰
中流击水，激浊扬清
血脉的传承，风骨的发扬
红色文化研究协会等
思想政治类社团
用思想的火花引领青年前行
用正能量影响身边人

学术科技类

探索未知，追求卓越

析逻辑之思，阅学术之美

感思维之缜，知推理之妙

预防医学协会、赛车俱乐部、

大学物理实验协会等

学术科技类学生社团

带领同学们漫游学海

创新创业类

创新引领未来

创业点亮梦想

创新电子协会、

创业模拟俱乐部等

创新创业类学生社团

干事业似烈火熊熊

燃烧青春热血

文化体育类

品茗茶、赏丝竹

秀舞姿、展歌喉

汉唐盛风，中外交流

晓言相声小品俱乐部、

京口汉风汉服社

515 街舞协会、流行音乐社、

心理协会等

文化体育类学生社团

英姿飒爽，魅力绽放

志愿公益类

志愿公益，心手相连
社团同行，爱满人间
大眼睛公益团队、予爱协会
星萤花公益团队、爱暖西吉公益团队等
志愿公益类学生社团
以爱为舟，以行动为帆
谱出爱与被爱双向奔赴的美妙乐章

自律互助类

自律铸就坚韧

互助共赴卓越

急救协会、

看世界研学社等

自律互助类学生社团

以自律为尺，度量每日之行

以互助为灯，照亮前行之路

其他类

多元绽放，风采无限

国旗护卫队、国防军事协会、

招生助理团等

其他类学生社团

一招一式，勾勒青春轮廓

一行一程，探索知识海洋

汗水挥洒，展现青春活力

同一屋檐下

宿舍楼道里，一位校友亲切地叫着我学妹。30 年前，她们就住在 208 宿舍，如今她们手挽着手，来到这间她们共同居住过的小屋子，感慨万千。学姐说，我们之间隔了 30 年光阴，而宿舍没有太大的变化，那份珍贵的舍友情亦没有变。30 年后，我或许也会和室友手挽手来到这间温暖小屋，谈谈青春里的故事。

还记得初次见面的我们腼腆地和对方打招呼，偷偷观察对方的一举一动，以至于现在还清楚地记得当时室友们都穿着什么样的衣服、留着怎样的发型。我们在互相的眼里成长，无时无刻不分享着自己的喜怒哀乐，因为总有人在倾听。

清早醒来，宿舍被温暖的气息笼罩，在舍友的催促下，我慢慢吞吞地拖着鞋，拿上脸盆出去。每天早上，我们吵吵闹闹像一群小鸟出窝一样，一起享受清晨的风，一起吃早餐，挤校园公交，开始美好的一天。上完课之后，到西山操场旁边的奶茶店点一杯暖暖的小圆鲜奶茶，这大概是我和舍友一天中最放松的时刻。我们手挽着手听学校广播里放的流行歌，冒着长胖的风险到宿舍对面面包坊买了最爱的雪媚娘。晚上要是有一个人不经意放了我们都爱的歌，激情瞬间被点燃，我们放声合唱。在舍友面前从来不用在意走音，没有平日里的包袱和形象，我们用欢乐浸遍整个宿舍。

或许是上天的安排，将我们四个性格迥异的女生聚在了同一屋檐下。我们有各自的想法，又各自张扬。友情或许不够爱情轰烈，不够亲情伟大，但贵在陪伴，让人不觉寂寞。为了友情，我们愿意去做一些自己不喜欢做的事，去迁就，去爱护，去珍惜，去努力，友情的存在让我们亲密无间。

宿舍是我们青春绽放的角落。老旧的窗台上边挂一张白色的帘子，四张紧紧靠在一起的床，带有我们体味的床板，有序地摆着书本的书架，门口堆积着的瓢盆，还有书桌前各自忙碌着的我们。宿舍里的每一样物件，都承载着我们的安全感。这个由不同姓氏组成的“家”，是我们每天忙碌之后一个贴心又温暖的港湾。我们谈论当下流行的歌曲，谈论自己的梦想，一起畅想未来的十年、二十年……终有一天，我们会忙碌地收拾着行李箱，离开这间小而温馨的屋子，告别大学四年的时光。再见，或许会是多年以后的校友见面会，那时我们一定手挽着手，兴奋地讨论着青春时候的自己，谈论着这间小屋子里发生的小故事。情感永远不会输给时间。208，不再是简单的宿舍门牌号，而是我们温暖甜蜜的家。我们立在阳光下，四个影子彼此依靠，生活中的点点滴滴，永远烙印在我们的心间里。

（本文作者杨婉迪，我校管理学院2017级本科生）

我与“校马”的故事

我第一次参加校园马拉松是在 2021 年，赛前就听学长学姐说“校马”是跑者的盛会，氛围极佳。为了不错过这场盛事，我早早地守候在报名系统前等待报名，并幸运地成为第一个报名 16 公里项目的学生，获得了独具意义的 0001 号。

16 公里项目需要绕行校园路线 6 圈，沿途经过四食堂后的陡坡、六食堂前的长坡等多处挑战路段，赛道难度不小。直到真正踏上起跑线，我才感受到传说中的“极佳氛围”是怎样的具象。比赛那天天气格外晴朗，由于没有比赛经验，一发枪我就冲了出去，前半程跑得格外起劲，但三圈过后，小腿开始抗议，酸胀感让我举步维艰，速度也明显慢了下来。我赶紧调整呼吸，努力维持速度，并在补给点少量补水，希望能坚持下去。最终，耗时 1 小时 9 分 57 秒，我以第七名的成绩完赛。作为“校马”新人，我对这个成绩非常满意，并和好友约定“下次‘校马’再一决高下”。

由于疫情，“校马”停办了几年，终于在 2024 年，我迎来了人生中的第二次“校马”。如果说第一次“校马”是跑者的盛会，那时隔三年的“校马”，对我来说更像是一场故友的重逢。许多毕业的挚友相约在校园马拉松比赛这天重返学校，与故人叙旧，去食堂寻味，用脚步丈量来时的青春路。这次我同样参加的是 16 公里项目，完赛成绩是 1 小时 7 分 10 秒，位列第十名。

对比两次成绩，我发现，明明第二次成绩较第一次快了近 3 分钟，但名次却意外地下降了 3 名。我想这背后藏着江大体育育人的密码。当“步道乐跑”让晨光中的校园苏醒，当“江大杯”系列赛事点燃各学院的战旗，当定向越野地图铺展在智慧教室——这些润物无声的改变，终是化作赛道上年轻身影奋勇争先的点滴力量。

马拉松对我而言，不是冲过终点的狂欢，而是沿途脚步丈量的执着。在漫长的赛程中，志愿者此起彼伏的加油声，摄影师定格瞬间的快门声，跑者在赛道上的汗水与超越，构成了我对“校马”最美好的记忆。每一步跨越的不仅仅是距离，更是突破自我的坚持。2.7公里的环校跑道，像个首尾相接的莫比乌斯环，我们都在循环往复中完成着螺旋式的成长。希望在漫漫人生征途上，我们始终保有突破自我的勇气，向着无尽远方，勇往直前！

（本文作者颜东，我校药学院2019级本科生）

那些年，我的赛车梦

电影《那些年》，感动了所有人。属于我的那些年，记忆里有一个挥之不去的赛车梦，回想起来就会热血沸腾。

大二，我加入了学校方程式赛车队。车队每年招新换届时，场面可谓热闹非凡，四五十人的规模，年级涵盖大一到大四，还有研究生，我只是芸芸高手中不起眼的一个。我来时，只剩下队长是上一届老队

Continental
UIS

22
KIA
Mercedes-Benz

员。一辆刚刚完成比赛、略显“破旧”的赛车，和一个有点脏乱的昏暗车间，就是我赛车梦的起点了。

那时，伏案的桌子是一块不知道从哪儿捡来的废旧大木板，嗡嗡作响的蚊群是夏天深夜奋战时挥之不去的“常客”。当蝉鸣撞碎最后一门考试铃声，暑假渐渐地来了，车队只剩下我们几个熟悉的面孔。倒计时牌撕到第97页时，工作室里只剩下键盘敲击声与散热风扇的嗡鸣在共振。我们经常骑着自行车，扛着钢管或者排气管，穿梭于学校和加工厂之间，一路引来异样的目光。悬架参数在争论中趋近完美，ECU标定数据像精密齿轮般咬合，我们常在装配图的阴影里摸到前夜遗留的饼干渣。

那些年，我们经常不被理解。设计出来的零件，常常在加工时发现问题而被工厂老板吐槽；测试性能的实验也经常因为实验室的借用而碰壁。在很多人眼里，我们就是“瞎整”，岂知赛车上每一个零件都凝聚着我们的心血。在我看来，它更像一件艺术品，每一个零件，都有它自己的精神。

第二届中国大学生方程式汽车大赛在上海举行。虽然没有取得好的成绩，却让我们在与其他高校的交流中学到了很多东西，也促使我们几名老队员坚定了继续留队的想法。那年我大三，为了共同的赛车梦，当别人在玩游戏的时候，我们在建模；当别人在操场打闹时，我们在建模；当别人假期出去旅游的时候，我们还在建模。楼栋值班的保安大叔总是敲着卷帘门提醒锁楼，让我觉得我们并非“与世隔绝”。

车队生活占据了我几乎全部的大学青春，熟悉的人只剩下曾经一起为了梦想奋斗的队员。我们都怀着自己的梦，有的去车企就业，有的去国外留学，有的继续考研深造。我们私下里常常说：“等哪天有能力了，一定要赞助车队，赞助我们现在所缺少的。”相信，终有一天，我们会带着各自的成就，回到这片梦开始的地方，为怀揣着同样梦想的年轻人点亮更璀璨的未来。因为，那些年，我们燃烧的不仅仅是青春，更是对梦想永不熄灭的热情。

（本文作者陈立，我校汽车与交通工程学院 2009 级本科生）

学府路远，情怀永在

记得上次回到母校还是 2019 年 11 月，我有幸参加了班主任卞新国老师的荣休仪式。在卞老师磅礴大气、美好悠扬的歌声中，我仿佛又回到了 1996 年。在我的印象中，我的老师们一直是中年人的模样，然而我现在的年龄已经超过了当初老师的年龄，当真是时光如水、岁月如梭。

每次坐高铁经过镇江的时候，我总是忍不住凝望窗外，寻找自己的青春回忆。然而就像中国所有的城市一样，这座城市已经发生了很大的变化。市中心的国际饭店已经不是镇江最高的建筑，当年漫长的学府路如今看来也只有几分钟的车程。虽然城市的外延不断扩大，但是以母校为核心的青春记忆依然印刻在我心中：第一次迈进大学校门的懵懂，第一次在课堂上睁大求知的眼睛，第一次领略美丽“三山”，第一次和女同学约会……

短短几年的大学时光一晃而过，却成为我人

生中不可磨灭的印记。我想这就是母校的魅力。我们承受着学习的压力，也享受着探索的乐趣；我们过着集体生活，也提前感知社会；我们面临就业的选择，也学会了如何规划未来。岁月的流光，伴随我们走向成熟；深情的教诲，陪伴我们一生。

如今的我们，在岗位上努力工作，为国家、为社会、为家庭贡献着力量。虽然我们都到了上有老下有小的年纪，但是我们依然心怀梦想，依然记得老师殷切的眼神，依然记得牵手时的心跳，依然记得毕业时许下的诺言。

适逢校庆，我们从五湖四海回到母校，重温当年的点点滴滴，再次聆听老师们的教诲。俗话说，近乡情更怯，但今天我们更多的是自豪和振奋，自豪母校取得的辉煌成就，振奋校友会成立带来的无限机遇和全新可能。通过参与筹备学院校友会，我更感受到了学校对校友工作的重视。不论是学院校友会，还是校友企业家联盟，连横合纵、区域协同的组织布局消除了专业界限和行业壁垒，架起了资源共享的桥梁，打造了互助共赢的平台。

天涯咫尺，息息相连。今天我以江大为荣，明天江大以我为荣。愿每一位江大学子，都奋发图强、不负时代，为母校增光添彩。

（本文作者谢波，我校文学院中文1996级本科生）

这间休息室有惊喜

100 余盆鲜花装点，所有走进主 A 教学楼三楼教师休息室的人都会禁不住感叹：“这么漂亮！”这 100 余盆鲜花是学校后勤集团物业保洁员杨庆梅的业余爱好，也是她予以生活的一份心意。

杨庆梅来江大工作已经十几年了，先后担任过宿舍值班员、物业保洁员。工作岗位到哪里，她就把鲜花和对工作、生活的热爱带到哪里。“从小父母喜欢养花，我对各种花都比较了解，慢慢地就爱上了养花。”杨庆梅说。同事们也都叫她“花仙子”“花痴”。

养花不仅能愉悦心情，还给杨庆梅带来了动力。进到休息室的老师纷纷赞美她的花，有的老师讨教养花经验，有的送来了花盆，如果谁喜欢也可以拿走几盆。“这是位爱花爱生活的人，我特别喜欢这个休息室，特别喜欢保洁员的工作和生活态度，给我们带来了好心情。”外国语学院教师吕玉勇说。2022 年春学期第一次线下上课时，吕玉勇发现这里除了漂亮的鲜花之外，还多了一个小鱼缸，又为休息室增添了许多生趣。

杨庆梅很喜欢自己这份保洁工作，每天看到同学们朝气蓬勃的样子，好像自己也年轻了许多。她表示，“要做好自己的事情，把每个角落都打扫干净，让学生和老师都有家的感觉”。

舌尖美味，一品钟情

当红梅在窗外舒展花瓣，垂柳在微风里轻抚湖水，食堂后厨的大锅里正沸腾着青春的韵律，以时令为墨，鲜物作笺，把校园的时光酿成温柔的诗行。

油煸嫩绿的芦笋，搭配清心安神的百合，色泽淡雅，营养十足；炒蛋金黄，加上新鲜的时令菜，简约精致，浅尝一口，是家的味道。

浓郁的菠萝汁，浸煨爽滑的肉块，是百吃不厌的经典；糖醋加青椒的组合，是意想不到的惊喜，酸酸甜甜，带来一天的好心情。小杂鱼裹着酱色的霞光，白虾像打翻的翡翠，春笋氤氲着山林的清气，芸豆猪脚在砂锅里咕嘟着慢时光……每道菜里藏着的，是初遇时的心动，是入口后的回味，是与美味的双向奔赴。

人间烟火气，最抚学子心。江大的故事在油盐酱醋里化作季节的平仄，从舌尖流淌到心尖。